Überblick

Deutsch für die Oberstufe 2

Zweite Ausgabe

Teacher's Resource Book

Rod Hares
Alexandra Timm
with David Hood

John Murray

Acknowledgements

The authors and publishers would like to thank the following sources for permission to reproduce text extracts:

pp.33–34 (transcript Brigitte/Picture Press; **p.56** Südwind-Magazin; **p.61** © 1999 Time Inc.; **p.62** The Philadelphia Inquirer, Aug. 22 2000 (condensed version); **p.65** (transcript) Brigitte/Picture Press

Photographs are reproduced courtesy of:

p.49 Stock Market; **p.52** Robert Harding; **p.56** Colorsport; **p.58** Trip Photo Library; **p.61** S.O.A. Photo Agency; **p.62** Photofusion; **p.63** Popperfoto

Note on spelling

Überblick Zweite Ausgabe has been written following the new German spelling conventions. Literary extracts and other texts written before the reforms also follow the revised code of spelling.

First published 1994
by John Murray (Publishers) Ltd
50 Albemarle Street
London W1S 4BD

Second edition 2001

Reprinted 2001 (twice)

Layouts by Jenny Fleet
Cover design by John Townson/Creation
Typeset in 10.5/12pt Walbaum by Wearset, Boldon, Tyne and Wear
Printed in Great Britain by Selwood Printing Ltd, West Sussex.

A CIP record for this publication is available from the British Library.

ISBN 0 7195 8517 1
Student's Book ISBN 0 7195 8516 3
Cassette set ISBN 0 7195 8518 X

Contents

Introduction   2

Matrix of grammar points   3

Matrix of activities   4

Transcripts and answers for Student's Book units   6
   Einheit 1   Gesundheit!   6
   Einheit 2   Technologie und Fortschritt   15
   Einheit 3   Arbeit: jetzt und in der Zukunft   21
   Einheit 4   Die inklusive Gesellschaft   26
   Einheit 5   Gesetz und Politik   31
   Einheit 6   Historisch gesehen   37
   Einheit 7   Dossier: Betrachten wir die Dinge global   44

A level Assessment unit   48

Transcripts and answers for Assessment unit   65

Coursework suggestions   69

Introduction

Durchblick 2. Ausgabe and *Überblick 2. Ausgabe* are the updated, revised and expanded edition of a two-part advanced German course whose first edition is well known and very widely used. The two-part structure, particularly appropriate for the AS/A2 specifications being taught from September 2000, reflects the 50/50 division format in which three units/modules are being examined for AS and three for A2.

Durchblick focused on bridging the gap from GCSE (or Standard Grade) and developing the linguistic aptitudes which are of primary concern for AS. In *Überblick* the emphasis is different, reflecting the requirements of A2: although there is still strong reinforcement of grammatical understanding and language skills, students are led to investigate in more depth German-speaking society, culture and issues.

What does Überblick 2. Ausgabe *include?*

The Student's Book

The first **six units** investigate **aspects of German society and culture**. The format of some of the tasks will be familiar to students as they are similar to those they have come across in their AS work, although the language, naturally, is more demanding and there is a higher proportion of productive writing work.

The final unit is a **dossier** looking at world issues from a German-speaking perspective.

The sources are mostly – but by no means exclusively – journalistic. **Literary extracts** are also used as reading stimuli, and are exploited both linguistically and in terms of what the author is aiming to express. The following appear regularly throughout the course to develop language skills:

Taktik   key vocabulary which can be 're-applied' in a range of contexts, to express an opinion or carry forward an argument.
Praxis   practises a specific grammar point arising from the text.
Infopunkt   presents background information about German-speaking life and culture.

Sprechtipps   provide tips on pronunciation and intonation to improve your students' German accent, using a recording and practical guidance.

After the seven units comes a **Study Skills** unit giving practical guidelines on how the various skills should be developed during the course, followed by the **Grammar reference** section, in English. Finally, at the back of the book, is the German–English vocabulary list. This is supplied for quick reference, but it is expected that advanced students will be building the habit of using a dictionary effectively. There is a section on dictionary skills in the Study Skills unit.

■   Should the units be used sequentially?
There is no need to use the units sequentially, although the first unit is designed to provide the most accessible bridge from AS to A2. There are various ways in which the last unit could be used: either near the start of the course, or at intervals throughout the course, or as a culminating unit at the end.

The Teacher's Resource Book

■   Transcripts and answers for Student's Book units
The answers and transcripts are integrated for each unit. Note that the literary extracts also feature on the cassette. Tasks marked with a (✓) are **core tasks**, selected to ensure coverage of key topic and grammar areas if your time is limited. Tasks marked with a (✱) are more demanding tasks, identified to facilitate differentiation.

■   Assessment unit
This photocopiable unit offers a convenient form of end-of-year practice or mock exam papers to help prepare for the reading, writing and listening requirements of the A2 examination. It also includes practice of the kind of tasks, based on English language items, which they will be required to perform for A2. We have decided to offer this in photocopiable form in the Teacher's Resource Book rather than as tasks integrated into the Student's Book units in order to preserve the 'German' language presentation of the Student's Book. See details given on page 48.

Matrix of grammar points

Grammar point	*Praxis*	Grammar reference section
Nouns	1.8	1
Gerunds	2.6	1.1.3
Articles	2.4, 7.7	2
Cases	3.9, 5.8, 6.3	3
Pronouns	2.4	4
Adjective endings	2.1, 2.4, 4.5, 5.6, 7.6	5.1
Comparison	2.11	5.2
Adjectives as nouns	5.6	5.3
Prepositions	3.4, 5.2, 5.8	7
Conjunctions	6.8	8
Imperfect	3.8, 4.6	9.2
Perfect	2.4, 3.8, 4.6	9.3
Participles	2.1	9.3
Pluperfect	2.5, 4.6, 6.7	9.4
Future	3.5, 4.1	9.5
Future perfect	3.5	9.6
Subjunctive/indirect speech	2.10, 4.2, 5.4, 5.7, 6.1, 7.3	9.7
Conditional	6.1	9.8
Conditional perfect	4.2	9.9
Passive	1.14, 2.3, 5.3, 6.2	9.10
Imperative	3.6	9.11
Reflexive verbs	3.7, 4.3	9.12
Separable/inseparable verbs	4.7, 7.1	9.13
lassen	1.4	9.14
Modal verbs	1.15, 3.2, 6.11	9.16
Infinitive with/without *zu*	1.15, 5.4	9.17
Verbs with the dative	1.2	9.19
Verbs with prepositions	1.11, 5.7	9.21
Word order/relative and subordinate clauses	3.1, 4.4, 5.5	10

Matrix of activities

	Einheit 1	Einheit 2	Einheit 3	Einheit 4
comprehension questions	1.1B, 1.10A, 1.13B	2.3B, 2.9B, 2.11B	3.2B, 3.4A, 3.5A	4.3D, 4.7A
note-taking from written source	1.2A, 1.7A	2.1B, 2.3D, 2.5B, 2.6B	3.2A, 3.7A	4.2A, 4.2B, 4.6A
note-taking from aural source	1.1A	2.4C	3.5C	
true/false from written source	1.11C	2.10B		
true-false from aural source	1.6A			
gap-fill from written source	1.5A		3.9B	
gap-fill from aural source	1.6B, 1.10B, 1.13A	2.2A	3.3A, 3.5C	4.3A, 4.4A
sentence completion	1.8E	2.7A	3.7B	4.4D
correcting errors in transcript/summary				4.1B
finding the German	1.1C, 1.11B, 1.14A		3.1A	4.4B, 4.4C
synonym/antonym finding		2.1A, 2.10A, 2.12A		
matching captions or summaries to text or pictures	1.9A, 1.11A	2.6A	3.9A	4.1A, 4.6B
sequencing or matching, e.g. speakers with statements	1.1B	2.8C		
question-forming				
express in another way	1.9B	2.3C, 2.4B, 2.8B		
short response to aural, written or pictorial source	1.1D, 1.2B, 1.4D, 1.7B, 1.11D, 1.12B 1.14D, 1.15B	2.5A, 2.6B, 2.9A	3.6A	4.2C
summary	1.6C			4.7B
role play/pairwork/debate	1.1D, 1.8F, 1.11D, 1.14E, 1.15A	2.4D	3.6C	4.5B
interpreting	1.10C			
discussion	1.1D, 1.4C, 1.5B, 1.12A	2.1C, 2.2B, 2.6C, 2.9D		
speaking presentation	1.2C, 1.10D	2.2C, 2.5C, 2.7B, 2.11D	3.4C, 3.8B	4.3C
building word families	1.4A			4.1C
translation into English	1.14C		3.4B	4.2D, 4.3B, 4.5A
translation into German	1.3A			4.6C
writing a letter, fax or e-mail	1.6D, 1.8D	2.3E	3.4D, 3.8C	4.6D
extended writing (article or essay)	1.14B	2.8D, 2.11C	3.3B, 3.9C	4.4E
creative writing		2.1D, 2.7C, 2.10C		
transcription in German		2.9C	3.1B	
matching sentence halves	1.3B	2.8A	3.8A	
note-taking/explanation/summary in English	1.5C, 1.13C	2.4A	3.6B	4.1D

Überblick 2. Ausgabe

Einheit 5	Einheit 6	Einheit 7
5.1B, 5.2C, 5.8B	6.3D 6.7F, 6.8B, 6.10A, 6.9B, 6.11C	7.3B, 7.4A 7.6A, 7.6B, 7.6C, 7.7A
5.6B	6.6C, 6.11B	7.2B
		7.1A, 7.3A
5.7B		
	6.8A	
	6.6A	
5.8A	6.7C	
5.6C	6.5C	
5.1A, 5.2B, 5.4A	6.1A, 6.7E, 6.8C, 6.10B, 6.9A, 6.11B	7.2A
5.5B, 5.8C	6.5B	
	6.4A, 6.5A	
5.3A	6.1B, 6.7A	
	6.12A	
5.2D, 5.5A, 5.7C	6.7G, 6.9C	
5.2A, 5.3B		7.5A
5.5C	6.7D, 6.10C, 6.11A	
5.8E	6.9D	7.2C
5.3C, 5.5D, 5.6A 5.7A	6.5D, 6.8D	
5.1C	6.3E, 6.6B	7.1B
5.3B, 5.4B	6.3B	
	6.3C, 6.12B	7.7B
5.4E		7.3C
		7.5B
5.2E, 5.6E, 5.7D	6.6D, 6.11D	7.4C
5.4C, 5.4D, 5.6D	6.1D, 6.4D, 6.5E, 6.12C	
	6.7B	
5.8D		
	6.4B	7.4B

Transcripts and answers for Student's Book units

Einheit 1 *Gesundheit!*

1.1 „*Davor ekele ich mich …*" (✓)

1.1 Transcript

Interviewer Paulina, darf ich mal fragen, was du gerne isst?

Paulina Was ich esse? Ach du jemine! Also speziell deutsch oder auch aus anderen Ländern?

Interviewer Egal, sag mir einfach, was du gerne isst.

Paulina Also, das kommt jetzt darauf an. Also, ich esse zum Beispiel ganz gerne chinesisch, so süß-sauer. Aber wenn man jetzt fragt speziell deutsch, dann weiß ich nicht, da würde mir eigentlich so schnell nichts einfallen … Zwetschgenknödel. Aber das ist ziemlich ausgefallen.

Interviewer Aber so was typisches Deutsches, wie Eisbein und Sauerkraut, kommt bei dir nicht auf den Tisch?

Paulina Nee, also, da drauf kann ich nun gar nicht. Ich weiß nicht, das ist sowieso irgendwie nicht mein Fall. Ich bin sowieso nicht so für Fleisch und ich mag … Deutsches ist ziemlich fett und äh, nee.

Interviewer Ein anderer Punkt ist auch so was wie Schlagsahne. Hast du dafür etwas übrig?

Paulina Also, in Maßen. Aber wenn ich so sehe, was manche Leute da in sich reinschieben, da ist es wirklich nicht mehr appetitlich.

Interviewer Und Dominik, wie sieht das bei dir aus?

Dominik Ja, ich ess' gern italienische Küche, mit Nudeln und Pizza und fettreiche Kost ess' ich eigentlich auch nicht sonderlich …

Interviewer Ist deutsches Essen fett?

Dominik Also, ich würd' mal sagen, man merkt es an den Körperstaturen bei den Deutschen.

Interviewer Und wie sieht das bei dir aus, Ines?

Ines Ich ess' auch ganz gern italienisch und deutsch ist mir eigentlich auch eher zu fett. Es kommt halt noch darauf an, wie man's kocht, und ich mein', wenn man selber kocht, dann kann man's ja so machen, dass es nicht so unbedingt fettig ist. Aber so typisch wie Eisbein und Sauerkraut, davor ekele ich mich.

1.1A Answers

	was diese Person gern isst	was diese Person nicht gern isst	was diese Person für typisch deutsch hält
Paulina	chinesisch süß-sauer Schlagsahne (in Maßen)	Eisbein Sauerkraut Fleisch Fett	Zwetschgenknödel
Dominik	italienisch Nudeln Pizza	fettreiche Kost (nicht sonderlich)	
Ines	italienisch	Fett Eisbein Sauerkraut	Eisbein Sauerkraut

1.1B Answers
1 Dominik **2** Paulina **3** Ines **4** Paulina
5 Paulina **6** Dominik **7** Ines

1.1C Answers
1 Man merkt es an den Körperstaturen
2 das ist irgendwie nicht so mein Fall
3 das ist ziemlich ausgefallen
4 da würde mir eigentlich so schnell nichts einfallen
5 wie sieht das bei dir aus?
6 deutsch ist mir eigentlich auch eher zu fett

1.1D Answers
personal response

1.2 *Was essen die Deutschen?* (✓)

1.2A, B, C Answers
personal response

1.2 Praxis Answers
 1 mir
 2 unserer, mich
 3 mir
 4 ihnen
 5 Berichten
 6 anderen Problemen
 7 ihren
 8 den Gästen
 9 mir
10 mir, ihr, mir

1.3 *Deutsches Essen oder eher ausländisches?*

1.3 Transcript

Erster Teil

Kathrin   Wie ist das eigentlich, ist es verbreiteter in Deutschland deutsch zu essen oder ist es auch so, dass man ganz oft internationale Gerichte, wie Pizza oder Pasta oder tja, was immer, isst?

Felix   Also, ich denke, ich denke, dass es – dass der Trend schon recht zu internationalen Gerichten geht. Gerade auch durch Fastfood-Ketten, wie zum Beispiel McDonald's und Burger King, die es ja nun wirklich auf der ganzen Welt gibt, und dadurch, denke ich mal, kann man gerade solches Essen mit Hamburgern und so weiter als international beschreiben.

Winfried   Vielleicht ist da ganz sinnvoll zu unterscheiden – wahrscheinlich, zwischen Großstädten und zwischen eher ländlichen Gebieten. In Großstädten scheint's wirklich so zu sein, dass viele, was weiß ich, Italiener oder griechische Restaurants mittlerweile Einzug gehalten haben und, glaube ich, auch relativ stark genutzt werden, von den einzelnen Leuten. In kleineren Orten scheint mir eher so traditionelleres Essen da zu sein. Wobei deutsches Essen an sich, wahrscheinlich – ich wüsste jetzt gar nicht genau, was deutsches Essen an sich ist. Es ist wahrscheinlich mehr den einzelnen Ländern oder so zuzuordnen. Vielleicht gibt's ein typisches mehr bayrisches Essen oder die schwäbische Küche ist relativ berühmt. Vielleicht ist es da sinnvoller, die einzelnen Länder zu unterteilen, wenn man von deutschem Essen spricht.

Felix   Ich denke auch, dass, dass die Deutschen als ein Volk sich nicht unbedingt mit ihrem Essen identifizieren, während [das] bei den Italienern und bei den Franzosen vielleicht anders ist.

Claudia   Was da auch noch dazukommt, ist, dass das traditionelle deutsche Essen, so was wie Braten oder Knödel oder so was furchtbar arbeitsintensiv sind und dass es wesentlich schneller ist, Pasta mit 'ner guten Soße zu machen, als sich zwei Stunden am Sonntagmorgen in die Küche zu stellen und 'en Braten anzubraten.

Zweiter Teil

Kathrin   Ja, und die Frage ist nochmal, was, was eigentlich deutsches Essen ist. Das Bild über die Deutschen im Ausland ist ja, dass Kotelett oder Schnitzel typisch deutsch ist. Würdet ihr das auch sagen, oder . . . ?

Felix   Also, ich denke, im Ausland ist gerade die bayrische Küche, also Sauerkraut und . . .

Kathrin   Bratwurst.

Felix   . . . Eisbein und so . . .

Winfried   Schweinebraten.

Felix   . . . das ist deutsch.

Winfried   Ich . . . also dem würde ich zustimmen. Ich würde auch sagen, vor allem deutsch gilt, wenn da Fleisch dabei ist oder wenn's Braten sind, oder wenn's irgendwelche Schnitzel wahrscheinlich auch – Schnitzel geht dann auch, Österreich ist wahrscheinlich auch so ein typisches Land, in dem viel Fleisch und viel Braten gegessen wird. Das ist wahrscheinlich eines der typischen Charakteristika.

Claudia   Es gibt eigentlich kaum traditionelles vegetarisches deutsches Essen, so dass Vegetarier dann ausländisches Essen essen, entweder italienisches oder indisches oder so was.

Kathrin   . . . höchstens Eintopf – also, da muss ja kein Fleisch oder keine Wurst dran sein.

Claudia   Das ist aber langweilig.

Felix   Aber ich denke, traditionell . . .

Kathrin   Das kann sehr gut sein.

Felix   . . . traditionell hat Eintopf auch Fleisch. Ich denke schon, dass Eintopf traditionell auch Fleisch hat, aber durch die moderne Erfindung des Vegetariers hat man dann halt Eintopf auch ohne Fleisch gemacht und auch viele andere Gerichte, die vielleicht traditionell Fleisch als Zutat hatten, hat man dann ohne Fleisch, oder mit Fleischersatz-produkten entwickelt.

Claudia   Es gab aber traditionell sehr viel fleischloses Essen in Deutschland, entweder Mehlspeisen oder Suppen oder Bohnen oder . . . oder Kohl. Wenn man Beschreibungen liest, was Leute im 18./19. Jahrhundert in Deutschland gegessen haben, dann würden wir das heute einfach nicht mehr essen wollen, obwohl's vegetarisch wäre.

Kathrin   Ja, einfach, weil die wahrscheinlich noch nicht so reich waren, wie wir jetzt sind und sich immer Fleisch leisten konnten . . . Und ich denke manchmal, dass es besser wäre, oder gesünder wäre oder ausreichend wäre, wenn man nur einmal in der Woche Fleisch essen würde.

Felix   Das stimmt, da muss ich mich korrigieren lassen, ich denk' . . . das stimmt, dass, dass früher, also, wenn man hundert Jahre oder so zurückgeht, dass dann Fleisch doch eher Luxus war. Und dass halt – am Sonntag gab's halt den Braten und sonst gab's wahrscheinlich schon Kartoffel und Bohnen und so Gerichte, also, das stimmt schon.

1.3A Suggested answer

Allow one mark for the material between each pair of forward slashes.

/Der Trend in Deutschland/geht zu/internationalen Gerichten/wie Pizza oder Pasta/und es gibt auch/die Fastfood-Ketten,/wie es der Fall/auf der ganzen Welt ist./Es ist wahrscheinlich sinnvoll,/zwischen Großstädten/und ländlichen Gebieten/zu unterscheiden,/da man/mehr traditionelles Essen/in kleineren Orten/sieht./Wir sollten auch/die einzelnen Länder/unterteilen/und nicht vergessen,/dass das deutsche Volk/sich nicht unbedingt/mit seinem Essen/identifiziert./

[24 points + 6 for quality and style of language = 30 points]

1.3B Answers

1 e 2 j 3 a 4 g 5 c 6 i 7 d 8 b 9 f
10 k (h = distractor)

1.4 *Kalbfleisch essen oder nicht?* (✓)

1.4A Answers

Substantiv	Adjektiv	Verb
die Erfindung	erfinderisch	erfinden
der Ruhm	berühmt	rühmen
das Schnitzel	geschnitzelt	schnitzeln
der Stress	gestresst	stressen
die Erleichterung	erleichtert	erleichtern
die Variation	variiert	variieren

1.4B Suggested answers

1 Er war nicht der Einzige, der nicht genug Zeit hatte, um alles zu erledigen.
2 Einen Zeitmangel.
3 Er würde die Hors-d'oeuvres zum Fleisch anrichten.
4 Für gestresste Menschen, um ihnen das Essen und das Leben zu erleichtern.

1.4C, D Answers

personal response

1.4 Praxis Answers

1 ließen uns
2 ließen sich, lasse mich
3 werden uns, lassen
4 habe, mir, lassen
5 dir, lassen

1.5 *Der Krieg der Klopse*

1.5A Answers

1 Freundinnen 2 schwärmt 3 gehen
4 anderer 5 einem 6 dir 7 eines
8 legendären 9 vertreten 10 den 11 zur
12 nächsten 13 riesiges 14 essen 15 neue
16 zusätzliche

1.5B Suggested answers

2 a Das Essen bei McDonald's schmeckt vorzüglich.
b Du hast eine ausgezeichnete Auswahl.
c – alle [sind] erster Klasse.
d [nicht umgangssprachlich]
e [nicht umgangssprachlich]
f Es gibt mehr Fleisch darin.
g Woanders müsste man dafür zwei Burger essen.
h Die Pommes frites sind hier knuspriger.

This is a useful exercise in register recognition. It should be pointed out that the colloquial expressions which have been re-worked are perfectly appropriate in the burger bar context and that some of the new versions would sound distinctly false in McDonald's or Burger King.

1.5C Suggested answers

1 Burger King currently has only 144 outlets in Germany.
2 Pascal Le Pellec plans to change that with a big increase.
3 By next year he intends to double the number of outlets.
4 Burger King will be marketed as a more up-market alternative to McDonald's.
5 Germany is going to be the scene of the next Burger war*.
6 There is a gigantic potential market.
7 Germany has 80 million citizens, who eat three times a day on average.
8 That makes several hundred million potential sales opportunities per day.
9 Burger King currently has only one and a half million customers a day.
10 There will be 200 new restaurants . . .
11 . . . with an additional 8,000 jobs.

*Note the word play on *Bürgerkrieg* = civil war.

1.6 *Der Trend zu Ökoprodukten* (✳)

1.6 Transcript

Erster Teil

Alex Kauft man in Deutschland mehr Ökoprodukte als in England?

Felix Ich denke schon, dass man in Deutschland mehr Ökoprodukte als in England kauft. Und zwar in Deutschland gibt es viele – fast in jeder kleinen Stadt – gibt es ein Reformhaus, was ein spezielles Geschäft ist, in dem man Ökoprodukte kaufen kann. Und, ich glaube auch im Allgemeinen achten die Deutschen sehr viel mehr auf ihre Ernährung und dadurch kaufen auch – kaufen sie auch mehr Ökoprodukte.

Überblick 2. Ausgabe

Kathrin   Also, ich denke, es ist in England einfacher, Ökoprodukte zu kaufen, weil man nicht in spezielle Geschäfte gehen muss, die vielleicht irgendwo einmal in der Stadt existieren, sondern, ich denke, in jedem größeren Supermarkt gibt es eine ganze Ökoproduktabteilung und es gibt alle Produkte einmal nicht öko, dann sind sie billiger und einmal öko, dann sind sie etwas teurer. Aber man kriegt beides – man hat also fast immer die Auswahl zwischen öko und normal. Also, egal in welches Geschäft man geht. Und ich denke einfach, es ist einfacher.

Felix   Ich denke, in letzter Zeit gab's einen großen Trend in England zu Ökoprodukten, gerade weil das Thema der genmanipulierten Produkte sehr stark in den Medien war und vielleicht ist es dadurch in letzter Zeit gerade der Fall, dass es immer mehr Ökoprodukte in Supermärkten, ganz normalen Supermärkten, gibt.

Kathrin   Das kann schon sein. Und, weil es natürlich auch ein Mittel ist, Dinge besser verkaufen zu können. Es ist auch eine Marketingstrategie und tja, die wird einfach genutzt.

Zweiter Teil

Felix   Aber ich denke auch, was man sich natürlich auch immer fragen muss, ist, inwiefern **klassifiziert** man Ökoprodukte, woher kriegen Ökoprodukte ihren Namen „Ökoprodukte"?

Kathrin   Da gibt's, glaube ich, in England drei Kriterien dafür, unter anderem, ob's **genmanipuliert** ist, und zwei andere, die ich jetzt aber nicht weiß. Und danach wird das **klassifiziert**.

Felix   Ich denke auch, das hängt auch damit zusammen, ob man halt **Pestizide** benutzt, bei seinen …

Kathrin   Ja.

Felix   … auf den Feldern und, ob man, wie man seine Tiere hält, also ob man die jetzt in freier **Natur** hält, auf Weiden, oder ob man die in kleinen **Boxen** im **Stall** …

Kathrin   Ja.

Felix   … unterhält und so weiter. Aber …

Kathrin   Ja, und ich hab' in England erlebt, dass zum Beispiel Fleisch, was sowieso schon sehr teuer ist, dass, dass Leute, die viel Fleisch essen, trotzdem oft **Ökofleisch** kaufen, weil's einfach – weil's erstens besser **schmeckt** und zweitens, weil sie es mit besserem **Gewissen** essen können, weil sie denken können, das Tier hat ein gutes Leben gehabt, bis jetzt. Es war zumindest nicht in einem – irgend'nem kleinen **Käfig** und konnte **sich** kaum **bewegen**.

Felix   Also, wie gesagt, ich persönlich kenne in England eigentlich niemanden, der Ökoprodukte kauft, während in Deutschland ich doch einige Leute kenne, die sich auch mit Ökoprodukten **ernähren**.

1.6A Answers
1 F **2** R **3** R **4** R **5** F **6** F

1.6B Answers
See transcript.

1.6C, D Answers
personal response

1.7 *Das Brot der frühen Jahre*
1.7A Answers
1 schüttelte heftig den Kopf; blieb stehen, zögernd; war zu verlegen und zu erregt, um auch nur „guten Abend" zu sagen; Vater wartete stumm; wie schwer es ihm geworden war
2 ein Brot, das er nicht einwickelte; Vater nahm es, ohne etwas zu sagen
3 es war immer ein heiteres, stolzes Gesicht; es war nichts davon zu sehen, wie schwer
4 Als ich ihm das Brot abnehmen wollte, um es zu tragen; sorgte ich immer dafür, dass wir eine Aktentasche mithatten
5 Es kamen Monate, in denen ich mich schon dienstags auf dieses Extrabrot zu freuen anfing; Ich kann Brot nur auf Marken abgeben

1.7B Answers
1 Im Kriege
2 Weil sein Sohn eine schlechte Note vom Lehrer erhalten hatte.

1.8 *Gesundheit – der 5-Minuten-Test* (✓)
1.8A–D Answers
personal response

1.8E Transcript
Winfried   Was sind die häufigsten Ursachen von Stress und wie kann man Stress vermeiden oder behandeln? Am wichtigsten ist vielleicht, zunächst mal festzustellen, Stress kommt immer dann auf, wenn man, wenn die Menschen versuchen, eine ganze Reihe von Anforderungen, die an sie gestellt werden – ihnen gerecht zu werden. Also, es setzt sich zusammen aus Belastungen oder Aufgaben des Arbeitsplatzes selbstverständlich, Belastungen möglicherweise, oder Aufgaben, die man in der Familie zu übernehmen hat – und sonstige Aktivitäten, die man eigentlich gerne macht, die dann aber

gerne auch in Stress ausarten können, wie Freizeitbeschäftigungen, die zwar eigentlich Spaß machen sollen, aber natürlich auch zu einer weiteren Belastung führen können, wenn man sie ein wenig übertreibt. Wie kann man das behandeln oder vermeiden? Der erste Schritt wird wahrscheinlich sein, sich erstmal über Stress bewusst zu werden, dass man einigermaßen in einer stressigen Situation sich befindet und es ordentlich zu analysieren: Woher kommt der Stress? Was sind die Ursachen davon? Will ich eigentlich die Sachen, die dann zu einem Stress führen, will ich die wirklich tun, steht das im Mittelpunkt meines Lebens oder soll das dann im Mittelpunkt meines Lebens stehen? Und der erste Schritt wird wahrscheinlich sein, sich erstmal bewusst zu werden, und als zweiter Schritt dann zu hinterfragen: Sind diese Stressfaktoren wirklich so, wie wir sie haben wollen, oder muss ich gewisse Sachen in meinem Leben versuchen zu ändern, um ihnen gerechter zu werden?

Claudia   Das ist ja schön und gut, aber du kannst weder Arbeit abschaffen, noch Häuser, die man versorgen muss, abschaffen, noch Berufswege, die einen vielleicht stressen könnten, noch kann man sehr viele Stressfaktoren beeinflussen.

Kathrin   Ich finde, ein sehr interessantes Thema ist auch Freizeitstress. Das ist ein ziemlich neues Wort und das geht darum, dass viele Leute versuchen, in ihrer Freizeit, so viel ... Aktivitäten wie möglich zu machen – von denen sie denken, dass das entspannend ist und dass das eine Ablenkung oder ein Ausgleich zur Arbeit ist. Wenn man sich aber zu viel für's Wochenende vornimmt, also die Fahrradtour und das Fallschirmspringen und, was weiß ich nicht alles, macht man sich auch in seiner Freizeit Stress. Also man ... man sollte da wirklich sehr genau darüber nachdenken, was alles nötig ist und was nicht.

1.8E Answers
1 vermeiden oder behandeln?
2 gerecht zu werden.
3 des Arbeitsplatzes.
4 Stress ausarten.
5 bewusst werden.
6 in seinem Leben ändern.
7 abschaffen.
8 sehr interessantes Thema.
9 Ausgleich zur Arbeit.
10 darüber nachdenken.

1.8F Answers
personal response

1.8 Praxis Answers

1 Artikel	Singular	Plural	Englisch
das	Augenlid	Augenlider	eyelid
das	Bein	Beine	leg
die	Blase	Blasen	bladder
die	Brust	Brüste	breast/chest
der	Fingernagel	Fingernägel	fingernail
der	Fußrücken	Fußrücken	top of foot
die	Galle	Gallen	gall bladder
das	Gelenk	Gelenke	joint
die	Hand	Hände	hand
die	Haut	Häute	skin
das	Herz	Herzen	heart
der	Infarkt	Infarkte	heart attack
das	Knie	Knie	knee
der	Kreislauf	–	circulation
die	Leber	Lebern	liver
die	Lunge	Lungen	lung
die	Niere	Nieren	kidney
der	Schmerz	Schmerzen	pain
die	Wirbelsäule	Wirbelsäulen	spine

2 **a** He wouldn't lift a finger for me.
b Those two are always at loggerheads.
c She's twisted him round her little finger.
d The film really got to me.
e Keep a stiff upper lip!
f She seems to have a knack for it.
g My Gran's a tough cookie!
h My blood boils when I hear that.
i Hans got out of the wrong side of bed today.
j Our team always have to fight with their backs to the wall.
k The translation of this saying is on the tip of my tongue.
l Fortunately, he turned a blind eye this time.
m I'm afraid I can't help you. We've got our hands full.
n Such information has to be dragged out of you.
o Ralf is risking a punch in the mouth.
p She didn't take the bad news too seriously.
q The German language is very dear to me.
r Why are you laughing up your sleeve?
s Peter is neither as narrow-minded as his father nor as crafty as his brother.
t It's time for you to stand on your own two feet!

1.9 *Humor als Medizin* (✓)
1.9A Answers
1 d 2 f 3 a 4 h 5 c 6 e 7 b 8 g

1.9B Suggested answers
1 hat ein Medikament aus der Altzeit neu gefunden
2 man sollte nicht darüber lachen
3 wenn man viel lacht

4 das haben Forscher entdeckt
5 Ärzte gebrauchen Lachen als eine Art Therapie
6 der wichtigste Auftrag
7 erlaubten ihm, ohne Schmerzen zu schlafen

1.10 *Zum Thema Rauchen*

1.10A Answers
1 das Maskottchen des „Klasse 2000"-Programms
2 Er kann Nein sagen zu Nikotin.
3 Ausflüge in den Wald
4 ein Anti-Tabak-Programm
5 mehr als 46 000 Grundschulkinder
6 in Bayern
7 Sie soll verstärkt in anderen Bundesländern bekannt gemacht werden.
8 Zehn Prozent der Erstklässler haben schon eine Zigarette probiert.
9 Der Anteil der Jugendlichen, die rauchen, ist deutlich gestiegen.
10 Die Themen Sucht und Gesundheit sind nicht in den offiziellen Lehrplänen vorgesehen.
11 während der normalen Unterrichtszeit
12 von privaten Sponsoren

1.10B Transcript
Kathrin Ja, das ist, denke ich, ein ganz wichtiger Punkt, wozu Verbote führen können, dass es eben mehr reizt. Was ich jetzt zum Beispiel beobachtet hab', umso mehr das Rauchen verboten wird, und umso mehr darüber nachgedacht wird, ob Zigaretten-werbung ganz abgeschafft wird, und umso mehr zum Beispiel sogar in England jetzt Bilder auf Zigarettenschachteln sind, mit den Folgen von – zu denen Rauchen führen kann, also ziemlich, abstoßende, eklige Bilder, umso, umso mehr entwickelt sich auch eine Gegenbewegung, zum Beispiel das Zigarrerauchen ist jetzt wieder in, wo auf der anderen Seite eben diese große Gegen-bewegung gegen das Rauchen ist. Was denkt ihr über das Thema Rauchen?

Claudia Aber andererseits, wenn du Leute ans Rauchen erinnerst, durch Bilder oder dadurch, dass ihre Umwelt raucht oder ihre Eltern rauchen, dann werden Leute auch viel eher zum Rauchen verführt.

Winfried Also insgesamt, durch Bilder verführt werden, das spricht ja sozusagen das Thema Werbung an, dem würde ich zustimmen. Ich würd's generell wohl verbieten, für Zigaretten Werbung zu machen und für Tabakwaren. Es hat wahrscheinlich wirklich schlechte Auswirkungen, diese ganzen Imagegeschichten, mit Freiheit und mit der normalerweise, der Mann, der einsam auf seinem Pferd raucht und durch die Prärie

reitet, all das führt wahrscheinlich zu einem Bild in Jugendlichen, dass Rauchen besonders cool und besonders attraktiv sei. Die Folgen von Rauchen werden dabei häufig unterschätzt, weil man eben in nur sehr seltenen Fällen eine – ein tägliches Resultat mitbekommt, sondern weil sich Rauchen eben erst – meistens Jahre später widerspiegelt in Konsequenzen, gesundheitlichen Konsequenzen, die natürlich, wie allgemein bekannt ist, gefährlich sind und über Lungenkrebs oder andere Krankheiten dann zum Tod führen, selbstverständlich.

Kathrin Aber bei dir hat es doch zum Beispiel die ganze Werbung nicht zum Rauchen geführt, oder?

Claudia Nein, ich hatte Eltern, einen Vater, der so stark geraucht hat, dass das die volle Abschreckung war. Wer einmal nachts in einem Zimmer mit einem Raucher schläft, der nachts aufwacht, das Licht anmacht, eine Zigarette raucht, dann wieder einschläft und schnarcht, der raucht nicht.

1.10B Answers
1 gegen 2 ans 3 eher 4 ja 5 wohl
6 wirklich 7 auf 8 wahrscheinlich 9 dabei
10 eben 11 wie 12 dann 13 zum 14 so
15 einmal 16 wieder

1.10 Sprechtipps Transcript
über, verführt, würde, für, Prärie, führt, Fällen, tägliches, später, natürlich, führen, selbstverständlich, geführt, schläft, einschläft

1.10C Suggested answer
Allow one point for the information between each pair of forward slashes.

Kathrin /Cigar-smoking is fashionable again/whereas there is also great opposition to smoking./What do you think about the question of smoking?/

Claudia On the other hand, if you remind people about smoking,/through pictures/or through those around them smoking/or their parents smoking,/then people are much more easily enticed into smoking./

Winfried All in all, to be seduced by pictures/brings into question the matter of advertising,/I'd agree with that./I would ban/all advertising for cigarettes and tobacco products./It probably has very bad effects,/all these picture-stories conveying freedom, with the man smoking on his horse as he rides across the prairie./In young people, all that probably leads to a picture/of smoking as particularly cool and attractive./And so the consequences of smoking are frequently underestimated/because it's only in very rare cases/that you see the day-to-day result./But this is because the health consequences of smoking/are only seen years later/and are of course generally recognised to be dangerous/and lead to death via lung cancer or other diseases./

Kathrin   But all this advertising didn't persuade you to smoke, did it?/

Claudia   No, I had parents, a father, who smoked so heavily/that it was really horrible./Anyone who sleeps at night in the same room as a smoker/who wakes up at night,/puts on the light,/smokes a cigarette,/then goes back to sleep/and snores, that person doesn't smoke./

1.10D Answers
personal response

1.11 *Was ist eigentlich eine Sucht?* (✓)

1.11A Answers
1 d 2 a 3 e 4 c 5 b

1.11B Answers
1 süchtig nach
2 angeblich
3 die Magersucht
4 die Ess-Brech-Sucht
5 einverleiben
6 sich befassen mit
7 das Zwangsverhalten
8 in den Kram passen
9 zwanghaft
10 auf der Strecke bleiben
11 zugrunde zu gehen
12 selbstzerstörerisch
13 ein Überangebot an

1.11C Answers
1 R 2 R 3 R 4 R 5 F 6 F 7 R

1.11D Answers
personal response

1.11 Praxis Answers

1 a Adjektiv	Präposition/ Fall	Englisch
abhängig	von (Dat.)	dependent on
nötig	für (Akk.)	necessary to
süchtig	nach (Dat.)	addicted to
b Verb	**Präposition/ Fall**	**Englisch**
sich befassen	mit (Dat.)	to deal with
sich beschäftigen	mit (Dat.)	to deal with
erfahren	von (Dat.)	to hear of
sich ernähren	von (Dat.)	to live on
führen	zu (Dat.)	to lead to

2 a von b zu c mit d nach e von f an
g an, zur

5 Übersetzungen
a It is very difficult for many people to lose their dependency on nicotine or alcohol.
b The access to addictive substances was his downfall.
c Unfortunately, more and more parents, teachers, doctors and so on have to deal with the problem of drug-taking amongst young people.
d Experience suggests that people can become addicted to anything.
e I know someone who used to live almost exclusively on coffee and chocolate.
f Only when his health began to be ruined by his diet did he ask for help.
g A large problem in our society is the excessive number of substances which lead to addiction.

1.12 *Kaufrausch*

1.12A, B Answers
personal response

1.13 *Bei wie vielen Gläschen wird es kritisch?*

1.13 Transcript
Was kostet der Rausch am Steuer?
Beim Verhängen von Strafen wird in drei Kategorien unterschieden:

A: Keine Fahrunsicherheit   ab 0,5 Promille: 200 Mark Bußgeld, bei grober Fahrlässigkeit bis zu 1 000 Mark, 2 Punkte.
ab 0,8 Promille: Bußgeld bis 3 000 Mark, Führerscheinentzug bis zu 3 Monaten, 4 Punkte.
ab 1,1 Promille: Gefängnis bis zu 5 Jahren oder Geldstrafe, Führerscheinentzug mindestens 6 Monate, unter Umständen auf Lebenszeit, 7 Punkte.

B: Fahrunsicherheit   ab 0,3 Promille und darüber: Gefängnis bis zu 5 Jahren oder Geldstrafe, Führerscheinentzug 6 Monate bis 5 Jahre oder lebenslang, 7 Punkte.

C: Bei Unfall   ab 0,3 Promille und darüber: Strafen wie bei Kategorie B plus Schadensersatz, Opferrente oder Schmerzensgeld.

1.13A Answers
See transcript.

1.13B Answers
1 die Anzahl Menschen, die pro Jahr von betrunkenen Autofahrern getötet werden
2 die Zahl von betrunkenen Fahrern, die nicht erwischt werden, für jeden, der ertappt wird

3 die jährliche Zahl von trunkenen Fahrten in der Bundesrepublik

4 die Steigerung der Unfallwahrscheinlichkeit bei 1,6 Promille

5 der Anteil der Autofahrer unter Alkoholeinfluss, deren Blutwerte weit über 1,6 Promille liegen

6 die Blutalkoholmenge, die die Leber pro Stunde abbaut

1.13C Answers
personal response

1.14   *„Eine Frage der Dosis"* (∗)

1.14 Transcript

Felix   Gibt es in Deutschland ein großes Drogenproblem? In welchen Städten gibt es ein besonderes Drogenproblem? Ich denke, man kann ein Drogenproblem nicht im Allgemeinen darstellen. Man kann nicht sagen, Deutschland hat ein Drogenproblem, weil das wäre bei weitem übertrieben. Aber dennoch denke ich, sollte man sich über Drogen unterhalten, man sollte sie diskutieren und meiner Meinung nach ist es besonders in größeren Städten ein Problem und nicht auf dem Dorf.

Kathrin   Es ist alles eine Definitionsfrage, denke ich, was man zu Drogen zählt und was nicht, zum Beispiel ob man Rauchen und Alkohol als Drogen bezeichnet – es sind ja Drogen, aber für viele wird das nicht so richtig angerechnet, weil's ja nur weiche Drogen sind, und eben nicht Heroin oder Kokain oder was weiß ich ... So, wenn man aber das als, als Drogen betrachtet, Rauchen und Alkoholtrinken, dann würde ich denken, es ist sehr weit verbreitet. Aber, ich weiß nicht, ob ich's ein Problem nennen würde. Wenn man also kontrolliert, sozusagen, wie es auch die Franzosen machen, jeden Abend sein Glas Wein trinkt oder sein Glas Bier, dann nennen das zwar die Psychologen abhängig, aber ich würd's nicht als Problem betrachten, wenn man es nicht als Problembewältigung benutzt.

Felix   Ja, ich denke natürlich auch, man muss wiederum unterscheiden, zwischen Suchtkrankheiten, die höchstwahrscheinlich zum Tod führen würden, so wie zum Beispiel Heroinsucht oder Kokainsucht, und dann wiederum andere – wie auch – man bezeichnet ja auch Sucht nach Kaffee oder nach Schokolade oder nach Arbeit, das wird ja auch im Allgemeinen als Sucht bezeichnet. Und diese zwei Arten von Sucht, denke ich, muss man ganz entschieden trennen. Und das Eine würde ich nicht unbedingt als Problem ansehen, also die, die Sucht nach Schokolade und Arbeit oder anderen Sachen, wie zum Beispiel es gab da wohl auch in der Presse eine Sache, dass jemand in England gestorben ist, an einer Karottensucht ...

Kathrin   Ja.

Felix   ... und also das finde ich nun auch wiederum übertrieben und denke nicht, dass man also an den eigentlichen Wirkungen der Karotte sterben kann. Während andere Sachen, wie Heroin und Kokain, wo also wirklich bewiesen ist, dass wenn man zu viel Heroin sich spritzt, dass man daran dann wirklich stirbt, an dem Stoff, den man einnimmt.

Kathrin   Ja, bei dem Karottensaft war es aber auch so, wenn man sich dann nur von Karottensaft ernährt, dann, dann ist es, dann kann's eben auch zum Tod führen. Das ist alles eine Frage der Dosis, finde ich. Genauso wie, auch wieder eine relativ neue Sucht, die, die Sucht, vor – den ganzen Tag vor dem Computer zu sitzen und vielleicht die ganze Nacht. Hat vielleicht keine tödlichen Folgen, kann aber sehr schwere soziale Folgen haben, dass man dann also nicht mehr versucht, mit realen Menschen zu kommunizieren oder sich zu treffen, sondern, dass man sein ganzes Leben, sozusagen versucht, durch den Computer zu, zu leben. Und das kann sehr schwere Konsequenzen haben, nämlich totale Isolation und teilweise auch Arbeitsplatzverlust usw. Also, ich denke, es gibt auch immer mehr neue Süchte.

Felix   Ja, das, das stimmt auf jeden Fall. Und auch noch mal, um auf die weichen Drogen zurückzukommen, es gibt ja auch wieder – oder immer wieder Diskussionen, ob man zum Beispiel weiche Drogen – und gerade Cannabis – ob man das legalisieren sollte. Und das ist auch immer wieder ein Thema, was man eigentlich noch mal diskutieren sollte, finde ich.

Kathrin   Und was denkst du darüber?

Felix   Ich denke, es ist schwierig, aber ich denke schon, dass das, dass es auch wissenschaftlich bewiesen ist, dass also Cannabis nicht zu Drogen gehört, die also töten an sich – dass der Stoff also, ja, fatal ist. Und insofern denke ich schon, dass man vielleicht das eher auf eine Stufe mit Alkohol und Zigaretten stellen sollte.

Kathrin   Ich denke, das ist ein ganz interessanter Punkt, den man beachten sollte, dass es vielleicht ein Grund oder ein Weg ist, der zur Drogensucht führt, dass es verboten ist und gerade Jugendliche reizt ja das Verbotene und ich denke, wenn zum Beispiel Cannabis legalisiert wäre, dann, dann wäre man nicht so 'n Held, wenn man's nimmt.

Felix   Das stimmt auf jeden Fall. Also ich denke auch, genau, gerade das Verbotene ist interessant für Jugendliche und insofern ist es vielleicht anfänglich, wenn man Cannabis legalisieren würde, dann würde vielleicht mehr Leute es nehmen, als jetzt, um es auszuprobieren usw., aber dann würde es seine Attraktion verlieren, weil's halt, wie du sagst, nicht verboten ist, und dadurch ist man nicht cool, wenn man jetzt Cannabis raucht, sondern es ist ganz genau so wie mit Alkohol oder Zigaretten.

1.14A Answers

1 das wäre bei weitem übertrieben
2 Es ist alles eine Definitionsfrage.
3 was man zu Drogen zählt
4 es ist sehr weit verbreitet
5 Suchtkrankheiten, die höchstwahrscheinlich zum Tod führen würden
6 Heroinsucht oder Kokainsucht
7 Diese zwei Arten von Sucht muss man ganz entschieden trennen.
8 wenn man zu viel Heroin spritzt
9 Das ist alles eine Frage der Dosis.
10 die Sucht, den ganzen Tag vor dem Computer zu sitzen
11 hat vielleicht keine tödlichen Folgen
12 kann … sehr schwere … Folgen haben
13 um auf die weichen Drogen zurückzukommen
14 ob man das legalisieren sollte
15 dass es auch wissenschaftlich bewiesen ist
16 dass man das … auf eine Stufe mit Alkohol und Zigaretten stellen sollte
17 ein ganz interessanter Punkt, den man beachten sollte
18 ein Weg …, der zur Drogensucht führt
19 Jugendliche reizt das Verbotene.
20 wenn man Cannabis … legalisieren würde
21 dann würden vielleicht mehr Leute es nehmen
22 um es auszuprobieren
23 dann würde es seine Attraktion verlieren

1.14B Answers
personal response

1.14C Answers
Since a Lübeck district court judge passed a sensational verdict in a 'soft' drugs case, the discussion has been reopened: how harmful are hashish and marijuana, in actual fact? In view of the estimated 3 million consumers in Germany, should they be legalised? Guests on 'Doppelpunkt' join in the discussion chaired by Michael Steinbrecher.

1.14D, E Answers
personal response

1.14 Praxis Answers
1 Ein überraschendes Urteil **wurde** in Sachen „weiche" Drogen **von einem** Lübecker Amtsrichter **gesprochen**.
2 Die Diskussion **ist** wieder eröffnet.
3 Das Thema **wird von den** „Doppelpunkt"-Gästen unter der Leitung von Michael Steinbecker **diskutiert**.
4 Diese Frage **lässt sich** schwer beantworten.
5 Soll eine Droge legalisiert **werden**, bloß weil es so viele Konsumenten gibt?
6 Die Folgen eines solchen Schritts **sind** nicht **zu** unterschätzen.
7 Aber der Konsum einiger Drogen **ist** fast überall in der Gesellschaft akzeptiert.
8 Nach der Meinung vieler **ließen sich** Drogen wie Haschisch sofort legalisieren.
9 Was dieses Thema betrifft, **ist** meine feste Überzeugung nicht **zu** ändern.
10 Keine Gesellschaft **darf** geschaffen **werden**, in der solche selbstzerstörerischen Aktiväten erlaubt **sind**.

1.15 *Wer hilft den Angehörigen?* (✓)
1.15A, B Answers
personal response

1.15 Praxis Answers
1 Mit Süchtigen zu leben, kann für die ganze Familie äußerst schwierig sein.
2 Wie viel können und sollen Eltern tun, um suchtkranke Kinder zu schützen?
3 Eltern, die Rat brauchen, können sich den Namen einer Selbsthilfegruppe in ihrer Nähe zukommen lassen.
oder:
Eltern, die Rat brauchen, können sich eine Selbsthilfegruppe in ihrer Nähe nennen lassen.
4 Süchtige, die Verbrechen begehen, müssen lernen, für die Folgen ihrer Taten geradezustehen.
5 Es ist manchmal verführerisch zu denken, dass man die Probleme eines Süchtigen lösen kann, ohne um Hilfe zu bitten.
6 Man darf sich nicht beirren lassen.
7 Anstatt alleine zu kämpfen, sollte man immer versuchen, andere einzubeziehen.

Einheit 2 *Technologie und Fortschritt*

2.1 *Schöne neue Welt von morgen* (✓)

2.1A Answers

1 Strom **2** Arbeitnehmer **3** Fachleute/
Experten **4** Zukunftsthesen **5** Hörsäle
6 Übersee **7** Bildschirm **8** Kommilitonen
9 Handy **10** Geheimzahlen **11** Blinde
12 Forschungslabore **13** Impfstoffe **14** Lunge

2.1B Answers

Lebensbereich	Entwicklungen
Arbeitswelt	• jeder dritte Arbeitnehmer arbeitet von zu Hause aus per PC • Unternehmen verzichten auf festen Standort • Verantwortung des Einzelnen steigt
Bildungssystem	• Studium an virtueller Welt-Universität • neueste Forschungsergebnisse aus Übersee aus dem Internet • Seminare bei Professoren aus Japan • Diskussionen mit Studenten aus Australien
Privatleben	• Strom aus der Fensterscheibe • Zweiliterauto • PC wird mobil durch faltbaren Monitor • elektronischer Supermarkt wird beliebter • Automaten funktionieren auf Fingerabdruck • Roboter erleichtern Hausarbeit
Gesundheitswesen	• künstliche Netzhäute für Blinde • Heilmittel gegen Krebs • Impfstoff gegen Aids • künstliche Organe ersetzen echte Spenderorgane • Therapie gegen Alzheimer-Krankheit

2.1C, D Answers
personal response

2.1 Praxis Answers
1 Partizip Präsens
  a *zu kommenden Entwicklungen*
    (Dativ, Plural)
  b dank **fortschreitender** Online-Technologie
    (Genitiv, Feminin)
  c **Bahnbrechendes**
    (Akkusativ, Neutrum)
Partizip Perfekt
a *zu über 1 000 vorgegebenen Zukunftsthesen*
  (Dativ, Plural)
b des so **genannten** Delphi-Reports
  (Genitiv, Maskulin)
c in **überfüllten** Hörsälen (Dativ, Plural)
d **geschädigte** Bauchspeicheldrüse
  (Akkusativ, Feminin)

2 Wir schreiben das Jahr 2020. Der aus der Fensterscheibe **kommende** Strom heizt unsere Wohnungen und betreibt die Computer der von zu Hause aus **arbeitenden** Arbeitnehmer. Auf feste Standorte **verzichtende** Unternehmen sind zur Normalität geworden.
Wir haben uns an das **revolutionierte** Bildungssystem gewöhnt. Studenten arbeiten mit den aus dem Internet **geholten** Forschungsergebnissen aus Übersee. Jeder Dritte hat einen **gefalteten** PC-Monitor in der Tasche, den man immer bei sich tragen kann. Damit kann man auch zu jeder Tageszeit im sich **durchsetzenden** elektronischen Supermarkt einkaufen. Die dort **erworbenen** Waren werden innerhalb weniger Stunden nach Hause geliefert und von **sehenden** und **hörenden** Robotern in Empfang genommen. Die **ausgedienten** Chipkarten sind schon lange vergessen. Stattdessen füllen jetzt Nachrichten über neuerlich **entwickelte** Impfstoffe gegen Aids die Schlagzeilen.

2.2 *Was Frauen vom Internet erwarten* (✓)

2.2 Transcript

Guten Morgen, liebe Zuhörer und Zuhörerinnen. Hier ist wieder unser wöchentliches Computermagazin, diesmal zum Thema „Internet". Sie werden sich sicherlich daran erinnern, dass wir letzte Woche junge Frauen dazu aufgefordert haben, an unserer Telefonumfrage teilzunehmen, um das Verhältnis von Frauen zum Internet zu beurteilen. Hier nun die Ergebnisse:

Von allen befragten Frauen schätzen **58%** den schnellen Zugang zu **nützlichen** und praktischen Informationen im Internet. Sie finden neben **Jobangeboten** Reise- und Freizeittipps, aber auch den **Erfahrungs-austausch** in Selbsthilfegruppen. **52%** finden die zeitlich und **räumlich** grenzenlose Kommunikation verlockend. Vor allem **jüngere** Frauen denken daran, mit einer Freundin im Ausland zu chatten oder nach **Mitternacht** noch einzukaufen. 47% hoffen auf eine Erleichterung ihres **Alltags**. Besonders die über Dreißigjährigen möchten beispielsweise ihre **Bankgeschäfte** und Behördengänge von zu Hause aus **erledigen**. Ein Drittel der Befragten will elektronische **Dienste** vor allem beruflich **nutzen** und somit mehr von zu Hause aus arbeiten. Durch die Vernetzung **per** Computer hätten sie die Möglichkeit, Kinder und Beruf **unter** einen Hut zu bringen. 28% **suchen** im Internet Kontakt zu gleich gesinnten Leuten, die sie im **wirklichen** Leben nie treffen würden. Da können sie problemlos **ausgefallene** Ideen austauschen.

Wir möchten uns ganz herzlich bei allen Teilnehmerinnen bedanken, und am Ende der Sendung geben wir das neue Thema für die nächste Umfrage bekannt.

2.2A Answers
See transcript.

2.2B, C Answers
personal response

2.3 *Virtueller Handel* (✓)

2.3A Answers
personal response

2.3B Answers
- Etwa **3 Millionen** Deutsche kaufen im Internet ein.
- Die Hälfte von ihnen gibt dabei jedesmal bis zu **150** Mark aus.
- Jeder Achte gibt mehr als **500** Mark pro Einkauf aus.
- Pro Jahr gibt jeder Kunde angeblich **5 857** Mark beim Internet-Shopping aus.
- Mehr als **50%** sind scheinbar zufrieden, denn sie wollen erneut im Internet einkaufen.

2.3C Answers
1 ohne Erfolg/erfolglos
2 suchen/wühlen
3 bestellt
4 überraschend/außergewöhnlich
5 fliegen/sausen
6 wirklichen/echten
7 beurteilt/genau angesehen/kontrolliert
8 (aus)gewählte
9 hohen/enormen
10 außerdem

2.3D Answers
- Internet-Shops sind kein Paradies für Kunden.
- häufig Wildwest-Manier
- Kreditkartennummern werden oft nicht verschlüsselt.
- Ware wird spät oder gar nicht geliefert.
- oft nicht billiger als im Geschäft
- Die meisten Geschäfte bekamen nur Note „mangelhaft".
- Allgemeine Geschäftsbedingungen fehlen bei 23% aller Shops – Kaufverträge sind nicht rechtsgültig.
- 25% der Shops haben keine Warenkorb-funktion – Waren können nicht wieder aussortiert werden.
- hohe Versandkosten
- Kundendaten bleiben oft unverschlüsselt.
- nur selten verbindliche Lieferzeiten

2.3E Answers
personal response

2.3 Praxis Answers
1 **Geordert wird** per Mail, …
   …, **wird** Ware Wochen später oder gar nicht **geliefert**, …
2 personal response

2.4 *Sicherheitssysteme* (✓)

2.4A Answers
New software will protect computers and data sent on the Internet. Millions of Germans already use online banking services, and this trend is set to increase. Systems are becoming safer thanks to HBCI, which does away with the need for PIN numbers, etc. The user needs a chipcard containing his/her 'digital signature'. Provided the person receiving the data has the right software, he/she can check that it comes from the right person by retranslating the coded information. Banks already offer this facility to their customers, some of them free of charge. Private e-mails can also be coded in this way.

2.4B Suggested answers
1 wenn jemand unerlaubt einen Computer benutzt oder Daten verwendet
2 die Banken haben nicht rund um die Uhr geöffnet
3 aus der Mode, veraltet, überholt
4 die Zahl der Homebanking-Nutzer nimmt ständig zu
5 der Schlüssel zum Erfolg
6 unerwünscht, ermüdend, unerfreulich
7 werden mit einem Code versehen
8 ein Schriftstück, in dem man festlegt, wie der eigene Besitz nach dem Tod verteilt werden soll

2.4C Transcript
Susi, Mausebär, Ibiza – geht's ums Aussuchen eines Passworts, sind wir nicht besonders kreativ. Die Angst, einen Code zu vergessen, lässt uns zu einprägsamen Begriffen greifen. Ganze 23% der Frauen in Deutschland wählen Namen von Verwandten, was allerdings nur auf 12% der Männer zutrifft. Diese sind nämlich vorsichtiger. 26% greifen eher zu Fantasie-begriffen. Frauen scheinen nicht ganz so kreativ zu sein. Nur 19% fallen in diese Kategorie. Auffallend auch der Unterschied bei der Wahl von Kosenamen. 17% der Frauen, aber nur 9% der Männer schützen auf diese Weise ihre Daten. Bei der Wahl von Glückszahlen kommen sich die Geschlechter schon näher. 10% der Frauen und 11% der Männer fallen in diese Rubrik. Um beim Thema Zahlen zu bleiben: 9% der weiblichen und stattliche 14% der männlichen Bevölkerung nutzen Geburtsdaten, um beispielsweise Kreditkarten zu codieren. Ein Hobby wird von 13% der Männer und 8% der Frauen vorgezogen. Und bei der letzten Kategorie scheinen sich alle einig zu sein. Jeweils 6% wählen einen Urlaubsort als Passwort.

2.4C Answers

Passwörter	Frauen (%)	Männer (%)
Namen von Verwandten	23	12
Fantasiebegriffe	19	26
Kosenamen	17	9
Glückszahlen	10	11
Geburtsdatum	9	14
Hobby	8	13
Urlaubsort	6	6

2.4D Answers
personal response

2.4 Praxis Answers
Wer auch sein**en** PC vor fremd**em** Zugang schützen will, ist mit ein**em** Fingerabdruckscanner (ab 200 Mark) auf d**er** sicher**en** Seite. D**ie** Geräte – nicht größer als ein**e** Computermaus – speichern Ihr**en** persönlich**en** Fingercode, bei jed**em** Start wird d**er** User auf dies**e** natürlich**e** Befugnis gecheckt. Leicht zu knackend**e** Passwörter können Sie damit getrost vergessen. Nur wer d**as** richtig**e** Händchen hat, kann an d**em** PC arbeiten – und das sind Sie!

2.5 *Boom in der Computerbranche* (✓)
2.5A Answers
Vernetzung (f); Hochleistungs-Computer (m); Intranet (n); Internet (n); Kommunikationsnetze aufbauen, integrieren, betreuen; Daten(berge) managen; IT-Berufsausbildungen; IT-System-Elektroniker/innen; IT-System-Kaufleute; Fachinformatiker/innen; Informatik-Kaufleute

2.5B Answers

Name	*Kathrin Sabe*
Alter	30
Schulabschluss	Abitur
Ausbildung	Kaufmännische Programmiererin
Studium	Informatik mit Medizin im Nebenfach, abgebrochen
Fortbildung	Online-Entwicklerin (1 Jahr)
erste Arbeitsstelle und Funktion	Multimedia-Agentur, Leitung des IT-Bereichs
jetzige Stelle und Aufgabenbereich	Full-Service-Agentur, Programmierung verschiedener Funktionen interaktiver Websites, Pflege des Rechnernetzes der Agentur, Installation von Software, Reparatur von Hardware
ursprünglicher Berufswunsch	Tierärztin

2.5C Answers
personal response

2.5 Praxis Answers

1 Erst recht, nachdem sie einmal das Internet kennen gelernt hatte.
   Even more so, after she had got to know the Internet.

2 Suggested answers
   a Nachdem er seinen Wehrdienst geleistet hatte, begann er seine Ausbildung zum Bankkaufmann.
   b Nachdem sie ihre Tochter zur Welt gebracht hatte, arbeitete sie nur noch halbtags.
   c Nachdem er ein Jahr in Frankreich verbracht hatte, sprach er fließend Französisch.
   d Nachdem ich ein Praktikum bei einem Anwalt absolviert hatte, entschloss ich mich, Jura zu studieren.
   e Bevor ich zur Uni ging, hatte ich ein FSJ absolviert.
   f Bevor ich den Beruf wechselte, hatte ich als Krankenschwester gearbeitet.
   g Bevor ich mich auf meine Karriere konzentrierte, hatte ich eine große Europareise unternommen.
   h Bevor ich nach Berlin umzog, hatte ich mein ganzes Leben in einer Kleinstadt gelebt.

2.6B Answers

Erfindung

klemmfreier Reißverschluss
Bewegungstrainer
Abschaltautomatik für Herdplatten
Melder für nicht richtig aufgelegte Telefonhörer
Innenbeleuchtung für Handtaschen
Einhand-Wundpflaster
Schuhtrockner/-heizung

Alltagsproblem

Stoff verhängt sich im Reißverschluss beim Schließen oder Öffnen.
Bettlägerige können oft nichts für ihre Bein- oder Armmuskulatur tun.
Nach dem Kochen vergisst man manchmal, die Herdplatte abzuschalten, und macht sich Sorgen, wenn man aus dem Haus geht.
Wenn man den Telefonhörer nicht richtig auflegt, ist man unerreichbar.
Im Dunkeln muss man lange nach dem Schlüssel in der Handtasche suchen.
In Notfällen ist man oft allein und kann sich nicht richtig behandeln.
Nach einem Regen brauchen Schuhe sehr lange zum Trocknen.

2.6C Answers

personal response

2.6 Praxis Answers

1 das Erfinden
2 beim Basteln
3 dem Gewinnen
4 das Anmelden
5 das Pauken
6 dem Tüfteln
7 das Bauen
8 das Wärmen

2.7 Bundeswettbewerb „Jugend forscht"

2.7A Answers

1 Mädchen eignen sich für den Wettbewerb besonders gut, weil **sie tierisch neugierig sind**.
2 Von den Teilnehmern wird erwartet, dass **sie über Fantasie, Ausdauer, Wissen und gute Ideen verfügen**.
3 Die erfolgreichen Erfinder können **viele tolle Preise und Freunde gewinnen**.
4 Biologie und Chemie sind nur zwei von **sieben Fachgebieten, die zur Auswahl stehen**.
5 Grundbedingungen für die Teilnahme sind **ein Höchstalter von 22 Jahren, Schulbesuch, Ausbildung oder Studium im ersten Semester**.
6 Mehr Informationen kann man **von der Stiftungsadresse oder deren Internetseiten bekommen**.

2.7B, C Answers

personal response

2.8 *Belästigung durch Handys* (∗)

2.8A Answers
1 i **2** a **3** k **4** j **5** h **6** f **7** g **8** b **9** e
10 c (d, l = distractors)

2.8B Answers
1 Die Deutschen sind fast süchtig danach, ihre Handys zu benutzen./Handys bestimmen immer mehr den Alltag in Deutschland.
2 ein Gegenstand oder Besitztum, mit dem man sein Geld/seine gesellschaftliche Stellung zur Schau stellen kann
3 ein sehr teures, vornehmes Restaurant
4 Man muss extra Personal anstellen, um diesen Service bereitzustellen.
5 eine Person, die sich gerne mit anderen Leuten unterhält.
6 Es bietet Vorteile, mit dem Zug zu fahren statt dem Auto oder dem Flugzeug, weil man im Zug telefonieren kann.

2.8C Transcript
Alex Glaubt ihr, dass Handys immer mehr in der Gesellschaft verbreitet sind?

Felix Also, ich denke, dass der Fakt, dass sie immer mehr verbreitet sind, das ist klar, weil es haben immer mehr Leute ein Handy. Ob es natürlich sinnvoll ist, das ist natürlich eine andere Frage. Und ich denke, das Handy in bestimmten Benutzungswegen ist sehr sinnvoll, aber in anderen wiederum ist es nicht sinnvoll. Und zwar sinnvolle Nutzung eines Handys ist zum Beispiel wenn man, sagen wir mal, über Landstraßen fährt, wo es kein Telefon gibt, kein(e) Notrufsäulen usw. und wenn man dort einen Unfall oder eine Panne hat, dass man von dort dann ein Handy benutzen kann, um Hilfe zu rufen. Eine nicht sinnvolle Nutzung, was man immer wieder sieht, finde ich zum Beispiel, wenn Kinder im Alter von – keine Ahnung – zehn oder zwölf Jahren sich von der hintersten Reihe im Bus die vorderste Reihe im Bus anrufen und sich dann unterhalten, also das finde ich eine völlig nicht sinnvolle Nutzung eines Handys.

Alex Würdet ihr sagen, ihr fühlt euch häufig durch Handys gestört im Alltag?

Winfried Eigentlich nicht. Es kommt manchmal vor, dass bei Konzerten oder bei irgendwelchen, in irgendwelchen Situationen, in denen Handys eigentlich unerwünscht sind, das Geklingel einsetzt. In der Regel fühle ich mich nicht besonders gestört. Zum generellen Thema Mobiltelefone: Ich halte es für sinnvoll, sie geschäftlich zu nutzen. Dort sind sie sehr hilfreich einzusetzen, manchmal sogar unabdingbar. Auf der privaten Seite halte ich es eigentlich mehr für eine Spielerei und bin kein großer Freund von Mobiltelefonen. Da langt ein ganz normales Telefon mit Anrufbeantworterfunktion, obwohl es sich wahrscheinlich durchsetzen wird, dass in zehn oder zwanzig Jahren die Situation so sein wird, dass wahrscheinlich siebzig, achtzig Prozent der Bevölkerung mit Mobiltelefonen oder mit Handys ausgerüstet sein werden.

Alex Ist es nicht aber auch negativ, ständig erreichbar zu sein?

Winfried Absolut, kann ich nur zustimmen. Ich genieße zum Teil die Zeiten, wo man sich zurückziehen kann, in eine Bibliothek oder in einen anderen Raum und nicht erreichbar ist. Ich brauch' diese Räume, um mal ordentlich nachdenken zu können, das ist mit Sicherheit der Fall. Wobei es ja auch bei diesen Mobiltelefonen die Möglichkeit gibt, sie auszuschalten und eine Voicemail anzuhängen, d. h. die Anrufbeantworterfunktion ist dann gewährleistet, so dass man zwar erreichbar ist und zurückrufen kann, aber trotzdem noch seine Freiräume erhält.

2.8C Answers
1 Winfried **2** Winfried **3** Felix **4** Winfried **5** Winfried **6** Winfried **7** Felix **8** Felix

2.8D Answers
personal response

2.8 Taktik Answers
Handy – Gerät – Mobiltelefon – Apparat – Erreichbarkeitsmodul – die kleine Sprechbox

2.9 *Weltraumforschung* (✓)

2.9 Transcript

Alex Die Weltraumforschung nimmt ja immer mehr Zeit und Geld in Anspruch heutzutage. Ist das überhaupt sinnvoll, oder sollte die Erde nicht groß genug sein für uns?

Claudia Ich glaube, es ist sehr sinnvoll, dass wir versuchen, den Weltraum zu erforschen und damit das Leben auf der Erde besser zu verstehen, und auch die Grenzen des Lebens auf der Erde zu verstehen und unter Umständen Möglichkeiten zu schaffen, auch die Erde zu verlassen und letztendlich irgendwo anders zu leben ... nachdem sich die Erdbevölkerung immer weiter vermehrt und wir unseren Planeten systematisch kaputtmachen.

Kathrin Also, das ist ein interessanter Gedanke, aber ich finde, das ist gefährlich, zu denken, dass man ja immer einen Ausweg hat, dass man ja immer noch auf einen anderen Planeten umziehen könnte ... und nicht versucht, die Umwelt hier zu retten, was noch zu retten ist, sondern sich sagt, na ja, wenn, wenn wir die Erde dann ganz zerstört haben, dann können wir ja immer noch umziehen. Also, das finde ich – ich denke, das denken viele Leute. Oder hoffen, dass es diesen Ausweg irgendwie noch gibt. Aber es ist eigentlich der falsche Ansatz.

Claudia Ich glaube nicht, dass das dieselben Leute sind, die denken, dass es eine reele Möglichkeit gäbe, letztendlich durch unendliche Mühen vielleicht andere Planeten zu finden und die Weltraumforschung wird viel von Idealismus angetrieben und hat auch in den letzten dreißig, vierzig Jahren sehr viele technologischen Entwicklungen auf der Erde angetrieben, hat unser Verständnis über naturwissenschaftliche Dinge so stark vergrößert, dass vieles jetzt möglich ist, was vorher nicht möglich war. Es werden sehr viele Experimente im Weltraum gemacht, die auf der Erde nicht machbar gewesen werden (wären), es wird – die ganze Miniaturisierung der Technologie wurde durch Weltraum-forschung angetrieben und es wird wahrscheinlich auch weiterhin der letzte Traum der Menschheit sein, den wir noch haben. Die letzten Grenzen, die wir noch aufbrechen können.

Kathrin Also, ich finde Weltraumforschung insofern auch interessant oder gut, dass ... der Mensch eben ... mehr realisiert, dass ... wir nicht der Mittelpunkt der Welt sind und dass wir, wenn vielleicht andere bewohnte Planeten entdeckt werden, dass das um so mehr uns von unserem Größenwahn, den wir doch teilweise haben, ein bisschen runterbringt.

2.9A Answers

Claudia ist fasziniert von der Weltraumforschung und begrüßt die vielfältigen Vorteile, die sich daraus für die Menschheit ergeben. Sie sieht außerdem die Möglichkeit, neue Lebensräume im Weltall zu finden.

Kathrin ist eher skeptisch, obwohl sie das Thema interessant findet. Sie meint, wir sollten zunächst die Probleme auf der Erde lösen, bevor wir nach anderen Auswegen suchen.

2.9B Answers

1 Durch die Weltraumforschung können wir das Leben auf der Erde und seine Grenzen verstehen und neue Lebensräume schaffen.

2 Es gibt immer mehr Menschen auf der Erde und die Menschheit zerstört diesen Planeten.

3 Kathrin hält diesen Ansatz für falsch. Sie denkt, die Menschen sollten lieber die Umwelt retten, statt nach neuen Lebensräumen zu suchen.

4 Idealismus treibt die Weltraumforschung voran.

5 Die Weltraumforschung treibt technologische Entwicklungen auf der Erde voran, vergrößert unser Verständnis der Naturwissenschaften, ermöglicht Experimente, die auf der Erde unmöglich sind, verstärkt die Miniaturisierung der Technologie.

6 Die Weltraumforschung macht uns deutlich, dass wir nicht der Mittelpunkt der Welt sind und schwächt hoffentlich unseren Größenwahn.

2.9C Answers

See transcript above from „Ich glaube, es ist sehr sinnvoll" to „systematisch kaputtmachen".

2.9D Answers

personal response

2.10 *Weltraumtourismus* (∗)

2.10A Answers
1 Beschleunigung 2 besonderem 3 geringen
4 schicken 5 Anbietern 6 Massenansturm
7 Nachbildungen 8 kommunizieren
9 uniformen 10 Einheimischen

2.10B Answers
1 F 2 R 3 R 4 R 5 F 6 N 7 R 8 R 9 R
10 R

1 Die Reise von der Erde bis zum **All** dauert neun Minuten.
5 Die Hotels werden schicke, bierdosenförmige Wohnmodule haben.

2.10C, D, Praxis Answers
personal response

2.11 *Unterhaltsame Wissenschaft*

2.11A Answers
1 mit Pfiff
2 Urknall
3 aus der Taufe gehoben
4 Bildungselite
5 Moderator
6 stellen keine überhöhten Ansprüche
7 Sendung mit der Maus
8 die Öffentlich-Rechtlichen
9 Bandbreite
10 eine Spur

2.11B Answers
1 Die Sendungen sind spannender, spektakulärer und machen Spaß.
2 Bildung ist zur Zeit ein sehr beliebtes Thema. Das Interesse an Technik und Wissenschaft ist durch Technik im Alltag und vor allem auch das Internet gewachsen.
3 nicht nur hoch gebildete Leute, sondern vor allem Leute ohne Abitur
4 Verständlichkeit und Glaubwürdigkeit
5 Die Präsentation ist verständlich und nachvollziehbar und stellt keine hohen Erwartungen an das Vorwissen der Zuschauer.
6 Die Sendungen der Privaten haben schnelle, spektakuläre Bilder, junge, smarte Moderatoren und aufwendige Computeranimationen, während die Öffentlich-Rechtlichen wissenschaftliche Kompetenz, journalistisches Können und Bandbreite bieten und damit seriöser wirken.
7 Die Moderatoren der Privaten sehen besser aus. Die der Öffentlich-Rechtlichen sind kompetenter.
8 Man lernt bei allen Sendungen etwas, und die Experimente funktionieren.

2.11C Answers
personal response

2.11 Praxis Answers
1 viel größeres Interesse; immer komplexer und undurchschaubarer; letztere; seriöser; hübscher; besser
2 a spannend b spektakulär c verständlich d nachvollziehbar e aufwendig f witzig g spielerisch h außergewöhnlich i peppig j gut gemacht
3 Heutige Wissenschaftssendungen sind wesentlich spannender und peppiger als ihre Vorgänger. Die Gründe dafür sind aufwendigere und spektakulärere Konzepte. Verständlichere und witzigere Moderationen sprechen ein breiteres Publikum an. Außergewöhnlichere Themen und Bilder werden in spielerischeren Animationen präsentiert. Jüngere Zuschauer werden von besser gemachten und nachvollziehbareren Experimenten angesprochen.

Einheit 3 *Arbeit: jetzt und in der Zukunft*

3.1 *Arbeitslosigkeit* (✓)

3.1 Transcript
Erster Teil
Alex Arbeitslosigkeit scheint ja im Moment in Deutschland ein sehr großes Problem zu sein. Was denkt ihr, was sind die Hauptursachen dafür?
Felix Ich denke, in Deutschland kommen einige Faktoren zusammen zur Zeit. Zum einen ist da natürlich die Wiedervereinigung, und dann, außerdem denke ich, dass sich Deutschland zur Zeit in einem recht starken Strukturwandel befindet. Das heißt, in England war das vielleicht vor zehn, fünfzehn Jahren, als gerade der Premier Thatcher, die viele Minen geschlossen hat usw., viele manuellen Arbeiten praktisch abgeschafft hat, und in Deutschland haben wir immer noch recht viele subventionierte Gebiete, wie zum Beispiel die Kohlegewinnung und sind langsam dabei, diese Gebiete abzuschaffen, und dadurch werden natürlich viele Leute arbeitslos.
Kathrin Ja, also ich denke, es ist wie du sagst, dass schon mit der Wende die Zahl der Arbeitslosen gestiegen ist. Ich hab' aber auch Forschungen gelesen von Wirtschaftswissenschaftlern, dass wirtschaftliche Schwankungen, also, sozusagen ein Hoch in ... den Geldern, die erwirtschaftet werden

und ein ... Tief in den Geldern, die erwirtschaftet werden, dass das normal ist und dass das sozusagen wellenförmig immer mal wiederkommt, dass die Konjunktur sinkt und dass das jetzt auch ohne die Wende dran gewesen wäre. Dass natürlich die Wende und die Wiedervereinigung das noch verstärkt – die Arbeitslosigkeit, das ... das denke ich auch.

Zweiter Teil

Felix   Und ich denke, eine Lösung, ich weiß nicht, ob ich das richtig Lösung nennen kann, aber ich denke, dass in Deutschland, dadurch dass unsere Kosten für Arbeiter so hoch sind, müssten wir uns mehr in eine Dienst-leistungsgesellschaft entwickeln, weil man in Deutschland, durch die hohen Sozialkosten usw. es sich halt nicht mehr leisten kann, ähm, Kohle abzubauen zum Beispiel, weil es in Deutschland viel zu teuer ist. Und insofern müssten halt mehr Deutsche in die Dienstleistung gehen. Und natürlich hoch qualifizierte Arbeit ist immer noch sehr gefragt, aus Deutschland.

Kathrin   Ja, dazu ... dem widerspricht aber, dass, ähm, viele Hochschulabsolventen auch keine Arbeit finden, die hoch qualifiziert sind, aber die trotzdem keine Arbeit finden.

3.1A Answers
1 Was sind die Hauptursachen dafür?
2 Deutschland befindet sich zur Zeit in einem recht starken Strukturwandel.
3 Der Premier Thatcher hat viele Minen geschlossen.
4 viele subventionierte Gebiete
5 Wir sind langsam dabei, diese Gebiete abzuschaffen.
6 Mit der Wende ist die Zahl der Arbeitslosen gestiegen.
7 Das kommt wellenförmig immer mal wieder.
8 Die Konjunktur sinkt.

3.1B Answers
See transcript.

3.1 Praxis Answers
1 Ich denke, dass sich Großbritannien in der Klemme fand.
2 Als der Premier Blair ein neues System entwickelt hat ...
3 Ich denke, dass die Zahl der Arbeitgeber gesunken ist.
4 Ich habe gelesen, dass das immer mal wieder verschwindet.
5 Ich wusste, dass das normal gewesen war.
6 ... dass die Inflation das noch verstärkt hat.
7 Ich weiß nicht, ob ich mit ihnen arbeiten kann.

8 ... weil man in Nordeuropa es sich leisten konnte.
9 ... weil es in Österreich viel zu offensichtlich war.

3.2 *Zeitverträge* (✓)

3.2A Answers
befristete Anstellung; Verträge; Arbeitnehmer; Arbeitsrechtler; Projekt; eingestellt; Erziehungsurlaubvertretung; Betriebe; angestellt; Kündigung; gefeuert werden

3.2B Answers
1 zehn Prozent
2 bis zu zwei Jahren
3 dreimal (bis zu insgesamt 24 Monaten)
4 Betriebe mit bis zu fünf Arbeitnehmern
5 bei schweren Vergehen wie Diebstahl oder bei ständigem Zuspätkommen

Teaching point: The questions have been deliberately phrased to encourage students to write verb-less statements, when the occasion arises. There are always some students who insist on producing ponderous, full statements, when these are not required. This may simply waste valuable time, without accruing any extra marks.

After the exercise has been completed and marked, a worthwhile strategy is to show the class just how easy it can be to gain full credit for their work without resorting to overwriting. Examiners have great respect for candidates who can state all the necessary information **briefly**.

3.2 Praxis Answers
1 sollten, können (×3), darf (×2), dürfen
2 **a** sollten **b** kann/darf **c** können **d** sollten **e** soll(te)

3.3 *Betteln mit Diplom* (✓)

3.3 Transcript

Interviewerin   **Woher** kam die Idee?

Sabine   Von einem **Redakteur** der Berliner Obdachlosenzeitung „Straßenfeger", den wir für eine **Studie** über Obdachlosigkeit befragt haben. Als zukünftige Beamte im gehobenen **Dienst** werden wir später fast alle beim Sozialamt arbeiten und auch mit **Obdachlosen** zu tun haben. Ich fand es wichtig, mal die andere Seite zu sehen. Ich **zog** mir also Schmuddeljeans und ein altes Batik-Shirt an und ging mit einem „Dozenten" vom „Straßenfeger" los. Der gab mir **Tipps** zum Betteln und hinterher auch Noten.

Interviewerin   Noten fürs Betteln?

Sabine   Ja. Es gab drei **Pflichtfächer**: „Sitzung

halten" – also dasitzen und betteln, „Kirchenstich" – einen Pfarrer **um** Geld bitten und die Zeitung „Straßenfeger" in der U-Bahn **verkaufen**. Beim Betteln sollte man möglichst **kreativ** sein und nicht nur mit der Mitleids-Tour kommen. Ich habe eine tragische Familiengeschichte **erfunden**.

Interviewerin   Und **danach** sind Sie heim ins Federbett. Ist das nicht nur ein **makabrer** Gag?

Sabine   Nein. Ich habe die Erfahrung als **Bereicherung** empfunden. Am schlimmsten war das Betteln am Berliner Alexanderplatz: Ich saß allein in einer zugigen **Ecke**. Für die meisten Leute war ich Luft. Andere zeigten mir deutlich ihre **Verachtung**. Jetzt gebe ich Bettlern öfter Geld oder kaufe den „Straßenfeger". Und ich **engagiere** mich – zusammen mit anderen Studenten habe ich ein Obdachlosenheim **renoviert**.

3.3A Answers

See transcript. Allow one mark for each correctly completed gap (18 marks in total). Often, the choice of filler relies as much on grammatical understanding as on accuracy of hearing. Students who consistently choose the wrong option will benefit from a close look at the structure of the phrase from which each word comes. This should increase their ability to define the type of word missing.

3.3B Answers
personal response

3.4 *Zivildienst: unter Androhung?* (✓)

3.4A Answers
1 Er reinigt die Toiletten/spült das Geschirr/hilft beim Einkaufen/[3]
2 Dieser gelernte Koch streicht auch die Türe/putzt die Zimmer?/[2]
3 Die Bundesfamilienministerin will die Kosten für die Zivis drastisch senken/bis 2003 ihre Zahl auf 110 000 verringern/und in diesem Haushaltsjahr auf 15 000 verringern/[3]

3.4B Suggested answer
Allow one point for the material between each pair of forward slashes and accept any reasonable variations.

/Because the Minister wants to scrap [literally 'put a red pen through']/community service places,/above all in craft/and administration/as well as in environmental work,/the 1800/community service jobs/in the 604 German youth hostels/are seriously threatened/by the cuts,/according to Bernd Dohn/of the German Youth Hostels Association./A number of the

small hostels/with fewer than 40 beds/such as those in Burg Altena and Niebüll,/are likely/to 'get the push'/without the cheap labour./   [20 points + 5 for style = 25]

3.4C, D Answers
personal response

3.4 Praxis Answers
1 a vor kein**er** Arbeit
   b in d**er** sauerländisch**en** Kleinstadt
   c an d**em**/**am** Fuße d**er** Burg
   d nach d**em** Urteil
   e in d**er** Jugendherberge
   f ohne d**en** gelernt**en** Koch
   g von d**em**/**vom** 1. Juli an
   h in d**em**/**im** Jahresdurchschnitt
   i unter ander**em**
   j bis zu d**em**/**zum** Jahr
   k vor all**em**
   l bei d**en** Zivi-Arbeitsplätzen
   m in d**er** Grünpflege
   n in d**en** 604 deutsch**en** Jugendherbergen
2 a in der lebendigen Großstadt
   b nach seinem Urteil
   c ohne den gelassenen Schiedsrichter
   d bis zum Ende
   e in der Altstadtpflege
   f in den 16 europäischen Ländern

3.5 *Beruf 2020* (✓)

3.5 Transcript
Erster Teil

Radiosprecherin   Südwestdeutsche Welle, 20 Uhr 30. „Gesellschaft 2020": Arbeiten wir schon zu viel? Wird das noch schlimmer werden? In unserer Sendung heute Abend hören wir von vier Experten. Kay Bünese hat die Studie „Future Women" der Werbeagentur BBDO und des Marktforschungsinstitutes Rheingold betreut. Er ist jetzt strategischer Planer bei Lowe und Lingas.

Kay Bünese   Wir werden mehr arbeiten. Doch weil wir glückliche Kühe sind, geben wir auch gern mehr Milch. Die personelle Ausstattung der **Unternehmen** wird unter dem ständig wachsenden Kostendruck **dünner** werden, damit steigen die Anforderungen an **Geschwindigkeit** und Effektivität, der Rhythmus wird schneller, die **Arbeitszeiten** länger, die Beschäftigungs-verhältnisse kurzfristiger. Der dadurch entstehende **Druck** wird jedoch durch zunehmende Freiheiten abgefedert. Offenere **Strukturen** mit mehr Eigenverantwortung, Arbeitgeber, die verstärkt auf das Arbeitsumfeld **achten**, zunehmend freie Beschäftigungsverhältnisse mit Wechsel zwischen projektbezogenen Stoßzeiten und längeren **Ruheperioden** dazwischen, flexiblere Tages- und Wochen-arbeitszeitmodelle, **Sabbaticals** und die Möglichkeit zu Hause zu arbeiten, steigern das Gefühl, gern und **freiwillig** zu arbeiten. Apropos Arbeit zu Hause: Das gewohnte Büro als Gravitationszentrum des Berufs wird **überleben**, denn ein Videoscreen ist auch 2020 kein dauerhaft befriedigender Ersatz für den persönlichen **Kontakt**.

Radiosprecherin   Marianne Wellershoff ist „Spiegel"-Redakteurin und hat mit ihrer Kollegin Susanne Weingarten das Buch „Die widerspenstigen Töchter. Freiheit, Spaß und Macht – was junge Frauen wollen" verfasst.

Marianne Wellershoff   Im Jahr 2020 ist der sozial gesicherte Vollzeitarbeitsplatz die **Ausnahme**. In der neuen Dienstleistungs-gesellschaft wird die Patchwork-Karriere zur Norm: Zeitarbeit, **Freiberuflichkeit**, Teilzeitjobs, mobile Arbeitsplätze, **flexible** Arbeitszeiten, Sabbaticals. Wir arbeiten nicht mehr in hierarchischen Strukturen, sondern projektbezogen. **Karriere** wird daher nicht durch Aufstieg in der Hierarchie definiert, sondern durch die Bedeutung der **Projekte**.

Susanne Weingarten   Die Globalisierung der Wirtschaft, verbunden mit der digitalen Vernetzung der Arbeitswelt, macht klassische Unternehmensstrukturen veraltet, da sie zu wenig flexibel sind, um auf neue

· Anforderungen zu **reagieren**. Stattdessen gründen sich kleine, **hoch spezialisierte** Firmen. Von dieser Entwicklung profitieren vor allem Frauen, die in einer flexiblen, **improvisierten** Lebens- und Arbeitsplanung ohnehin **geschult** sind.

Zweiter Teil

Radiosprecherin   Jetzt hören wir von Matthias Horx, Gründer des Zukunfts-institutes und Autor von „Die acht Sphären der Zukunft".

Matthias Horx   Ungefähr im Jahr 2020 werden die Frauen Erwerbsparität mit den Männern haben. Die Berufe der kommenden Wissensgesellschaft boomen eher zu Gunsten der Frauen: Während die Berufe mit körperlicher Arbeit aussterben, erleben Dienstleistungen und symbolanalytische Tätigkeiten einen gewaltigen Zuwachs. Einzige Ausnahme: die Top-Manager-Jobs, in denen man sein Leben mit 14-Stunden-Tagen opfern muss. Für solchen Unsinn werden Frauen auch in der Zukunft nicht zu haben sein, deshalb bleiben ihnen immer noch Teile der Chefetagen versperrt – dafür leben sie aber auch länger!

Radiosprecherin   Und jetzt Burkhard Boehmke, Professor für Arbeitsrecht und Autor von „Arbeitsformen der Zukunft".

Burkhard Boehmke   Die meisten Menschen werden im Dienstleistungssektor arbeiten. Durch die rasante Entwicklung der Informationstechnologie kann dann fast jede Dienstleistung unabhängig vom Ort und mit immer weniger Beschäftigten erbracht werden. Im Bereich der industriellen Produktion werden die Arbeitsplätze weiter drastisch wegrationalisiert. Die Zahl der Beschäftigungsmöglichkeiten wird immer geringer. Um die Arbeit sozialverträglich zu verteilen, wird sich eine kollektive Teilzeit durchsetzen – die Arbeitszeit wird auf 20 Stunden pro Woche sinken. Dennoch wird es fast so viele Arbeitslose geben wie heute.

3.5A Answers
1 Gesellschaft 2020
2 mehr
3 Die Arbeitszeiten werden länger sein und die Beschäftigungsverhältnisse kurzfristiger/kürzer. [2]
4 den sozial gesicherten Vollzeitarbeitsplatz
5 Zeitarbeit/Freiberuflichkeit/Teilzeitjobs/ mobile Arbeitsplätze/flexible Arbeitszeiten/Sabbaticals [3/6]
6 die digitale Vernetzung der Arbeitswelt

3.5B Answers
See transcript.

3.5C Answers
Allow any reasonable formulations and do not penalise for the use of the original language used by the speakers. Allow half marks for language, half for comprehension.

· Erwerbsparität: 2020 (ungefähr) werden Frauen Erwerbsparität mit den Männern haben; Die neuen Berufe boomen zu Gunsten der Frauen. [4 Punkte]
· Dienstleistungen: Diese sowohl wie symbolanalytische Tätigkeiten erleben einen gewaltigen Zuwachs; Die meisten Menschen werden in diesem Sektor arbeiten. [4 Punkte]
· Die einzige Ausnahme: die Top-Manager-Jobs, in denen man 14-Stunden-Tage arbeitet. [2 Punkte]
· Die Entwicklung der Informationstechnologie: Fast jede Dienstleistung kann unabhängig vom Ort und mit immer weniger Beschäftigten erbracht werden. [4 Punkte]
· Das Verteilen der Arbeit: Eine kollektive Teilzeit wird sich durchsetzen; Die Arbeitszeit wird auf 20 Stunden pro Woche sinken. [4 Punkte]

3.5 **Praxis** Answers
personal response

3.6 *Wann drehen Sie im Job durch?*
3.6A Answers
personal response

3.6B Answers
The main points to be included in the summary are:

/Your own calmness can defuse a situation/ Boredom can be stressful/There needs to be some fun at work/Stay cool and keep going/Do everything as well as you can/Concentrating like this makes routine jobs less irritating/Mobilise your ability to think positively/Make a note of all the good things about the job/You can't switch off from stress factors like the constantly ringing telephone/but you can find your own antidotes to stress/such as flowers on the desk/or a salt-crystal diffuser/Make a rest-room (such as the tea-room) for yourself/Pop in there for a few minutes in times of stress/You'll soon be feeling calm again/After two hours performance drops off/Take a break/20 minutes is the ideal/but mini-breaks of five minutes may be more realistic/Breathe properly/Vary your working tempo/When you've been working very briskly/go down a gear./[Any 20 from 23 points]

3.6 Praxis Answers
1 Bleib/bleibt cool.
2 Setz/setzt auf Power.
3 Erledig/erledigt alles.
4 Mobilisier/mobilisiert innere Stimmungsmacher.
5 Notier/notiert alle guten Seiten des Jobs.
6 Reinig/reinigt die Luft.
7 Such/sucht diesen Ort auf.
8 Geh/geht in Stress-Situationen hinein.
9 Versuch/versucht Minipausen einzubauen.
10 Tank/tankt Gelassenheit.
11 Variier/variiert dein/euer Arbeitstempo.

3.7 *„Ich wollte mich völlig neu orientieren"*
3.7A Answers
Traumjob; Presseabteilungen; Routine am Schreibtisch; Erziehungsurlaub; große Firmen; Berufsleben; Spaß im Büro

3.7B Answers
1 Traumjob 2 Orientierung 3 Trickfilm 4 Wort 5 finden 6 Inspiration 7 Comic-Geschichten 8 Stils 9 Firmen 10 Farbe

3.7 Praxis Answers
1 a Ich wollte mich völlig neu orientieren.
 I wanted to have a complete change of direction.
 b . . . erinnert sie sich.
 . . . she recalls.
 c . . . schrieb sich an der Düsseldorfer Kunstakademie ein.
 . . . enrolled at the Düsseldorf School of Art.
 d Um sich das Zweitstudium finanzieren zu können, . . .
 In order to be able to finance her second degree, . . .
 e . . . schnell setzte ihr Stil sich durch.
 . . . her style quickly became known.
2 personal response

3.8 *Heimarbeitsfrust!* (✓)
3.8A Answers
1 d 2 h 3 k 4 a 5 j 6 c 7 e 8 g 9 f
10 b (i = distractor)

3.8B, C Answers
personal response

3.8 Praxis Answers
1 ist . . . gewesen/war
2 habe . . . gesessen/saß
3 habe . . . geputzt/putzte
4 habe . . . geschrieben/schrieb
5 bin . . . gewesen/war
6 hat . . . geholfen/half
7 sind . . . gewesen/waren
8 hat . . . erleichtert/erleichterte
9 hat . . . gehabt/hatte
10 haben . . . gesessen/saßen
11 hat . . . wahrgenommen/wahrnahm

3.9 *Die Zukunft der Arbeit* (∗)
3.9A Answers
a 9 b 4 c 2 d 10 e 8 f 5 g 1 h 7 i 6 j 3

3.9B Suggested answer
Allow any reasonable alternatives.
1 Leben
2 vorbei
3 entscheiden
4 Prinzip
5 verdient
6 zerschlagen
7 Industriezweige
8 verschiedenen
9 Konstrukteure
10 zusammenarbeiten

3.9C Answers
personal response

3.9 Praxis Answers
1 a ein**er** b d**er** c künftig**er** d unser**er**
  e d**er** f d**er** g d**er**
2 a die Mitarbeiter ein**es** Konsortium**s**
  b die Mitarbeiter d**es** Büro**s**
  c die erste Variante des künftig**en**
    Kompromiss**es**
  d die Organisatoren unser**es** Zeitplan**s**
  e Der Aufstand d**es** Bund**es**
  f der Einzug d**es** neu**en** Programm**s**
  g ein Kind d**es** Zeitalter**s**

Einheit 4 *Die inklusive Gesellschaft*

4.1 *Die Ansichten über Familie* (✓)

4.1A Answers
1 d 2 a 3 c 4 e 5 b

4.1B Answers
Die Familienministerin will all die
verschiedenen Formen von Familien fördern.
Sie glaubt, Familie ist überall dort, wo es Kinder
gibt. Wichtig ist, dass die Kinder sich geborgen
fühlen. Es gibt bei vielen jungen Menschen
einen großen Wunsch nach Kindern. Wenn eine
Frau wegen der Geburt eines Kindes ihren Job
aufgeben will, ist das in Ordnung. Wenn nicht,
muss sie die Möglichkeit haben, weiterzu-
arbeiten. Jetzt können beide Partner
Erziehungsurlaub nehmen. In den alten
Bundesländern gibt es wenige Krippen. Man
glaubt, es könnte Kindern vielleicht schaden, in
eine Betreuungsstätte zu kommen. Nach der
Meinung der Ministerin muss die deutsche
Gesellschaft viel kinderfreundlicher werden.

4.1C Transcript
Kathrin   Ja, wie die, wie die Traditionen sind,
also wie zum Beispiel die Ansichten über
Familie sind. Ähm, kann sehr gut oder
anziehend sein, wie zum Beispiel arabische
Menschen, ähm, die – was, was die über
Familie denken, wie wichtig denen das ist.
Was man hier teilweise fast vermisst, dieser
große Wunsch, 'ne Familie zu haben und
dieser große Wunsch, mit seiner Familie gut
zurechtzukommen und alles mit ihnen
abzustimmen, kann sehr gut sein, auf der
einen Seite. Aber, auf der anderen Seite kann's
auch sehr einengend sein, weil, weil man
eben, ähm, sozusagen nicht die Freiheit hat,
seine eigenen Entscheidungen zu treffen,

sondern immer das machen muss, was eben
die Familie schon immer gemacht hat. Was
Tradition ist. So, also die Gegensätze ziehen
sich an, das . . . das stimmt schon auf der
einen Seite, aber auf der anderen Seite kann's
auch ein großer Nachteil sein, wenn man so
unterschiedliche Vorprägungen hat.
Claudia   Es kann auch sehr subtil sein, dass,
wenn man Partner hat aus vollkommen
anderen Kulturkreisen, wie jemand aus dem
arabischen Bereich oder aus Afrika, dann ist
es offensichtlich anders. Aber, wenn man . . .
als Deutscher zum Beispiel 'nen englischen
Partner hat, dann ist es oberflächlich oft sehr
ähnlich. Und bei näherer Betrachtung stellt
sich raus, dass diese Länder doch seit
Jahrhunderten unterschiedliche Geschichte
und Traditionen hatten, unterschiedliche
Ansichten, und das spiegelt sich sehr viel in
den Erwartungswerten wider, die man an
bestimmte Lebenssituationen stellt.

4.1C Answers

Substantiv	Verb	Adjektiv	Englisch
Abstimmung (f)	abstimmen	abgestimmt	agreement
Betrachtung (f)	betrachten	beträchtlich	observation
Anziehung (f)	anziehen	anziehend	attraction
Oberfläche (f)		oberflächlich	surface
Unterschied (m)	unterscheiden	unterschiedlich	difference
Ähnlichkeit (f)	ähneln	ähnlich	similarity
Gegensatz (m)		gegensätzlich	opposite
Widerspiegelung (f)	widerspiegeln	widergespiegelt	reflection

4.1D Answers
Allow one point for each piece of information
between a pair of forward slashes, up to a
maximum of 16/20. Allow any reasonable
formulations, in any order.

/The idea of the family can be very attractive/a
good example would be Arab people's approach
to the family/here we're almost lacking/the great
desire to have a family/to relate to the family/to
discuss and decide everything within the
family/but this can be very restricting/when
there is no freedom to make your own
decisions/because you have to follow the family
traditions./Consequently, opposites attract./What
is an advantage on the one hand/can be a
disadvantage on the other/when people have
such different backgrounds./If the partner comes
from a different culture/the differences are
obvious/if, for example, they're from the Arab-
speaking world (1/2) or Africa (1/2)./But the
Germans and the British seem superficially to be

very similar/but they have had a different history and traditions for hundreds of years/which are reflected in our different expectations/when we are faced with specific situations in life./

4.1 Praxis Answers
personal response

4.2 *Sie ist blind. Sie ist taub. Sie ist glücklich.* (✓)

4.2A Answers
personal response

4.2B Answers
1 „Ich bin ihr Mann, nicht ihr Pädagoge. Wir sind ein sehr normales Paar."
2 ... zärtlicher vielleicht, bedingt durch den dauernden Körperkontakt über die Hand.
3 Sie macht ihren Haushalt ... so perfekt wie nur irgendeine gute Hausfrau
4 Hab' mich einen Tag lang mit Augenbinde und Ohrstöpseln blind und taub gemacht
5 Die Zwölfstundenreise in Klaras Welt geriet ganz schnell zu einem Absturz ins Bodenlose/Kein Horrortrip – viel schlimmer
6 in meiner Nicht-Welt ... wie ein Embryo von der Welt abgeschottet schwebte
7 Wenn da Klara nicht gewesen wäre ... hätte ich den Tag in irgendeiner Ecke verbracht, die Arme um die Knie geschlungen
8 still mich selbst wiegend; von links nach rechts, von vorn nach hinten. So, wie ich es bei anderen Taubblinden beobachtet hatte.

4.2C Answers
personal response

4.2D Suggested answers
Allow one point for the material between each pair of forward slashes and accept any reasonable formulations. There are 16 points available with an additional four for the quality of language.

If Klara had not been there/to lead me by the hand/throughout the day,/to take me to classes with her,/to meals,/to work in the basket-weaving centre,/to constantly urge me on/and encourage me,/I would have spent the day/in some corner or other/with my arms wrapped round my knees, quietly rocking myself/from left to right,/forwards and backwards,/just as I had observed/other deaf and blind people doing./
[16 + 4 = 20 points]

4.2 Praxis Answers
1 Wenn Christian nicht da wäre, wäre Klaras Leben viel schwieriger.
2 Wenn Klara nicht behindert wäre, hätten sie eine nicht so zärtliche Beziehung.
3 Wenn Klara ihren Haushalt nicht so perfekt machen würde, wäre sie nicht so stolz.
4 Wenn der Journalist nicht zu Klara gekommen wäre, hätte er weniger Verständnis gehabt.
5 Wenn wir diesen Bericht nicht gelesen hätten, hätten wir auch weniger verstanden.
6 Wenn Klara und Christian nicht zusammen wären, hätten sie vielleicht ein nicht so glückliches Leben.

4.3 *Die Rolle der Eltern* (✓)

4.3 Transcript
Erster Teil

Alex Ähm, Claudia, du hast ja schon eigene Erfahrung mit **Kindererziehung**. Was ... was sind so deine Meinungen zu den Rollen der verschiedenen Elternteile? Sollten die **gleich** sein oder sind die Rollen doch noch sehr verschieden?

Claudia Ich glaub', dass wenn ein Kind ein Baby ist, dann sind die Rollen **zwangsläufig** anders, solange Mütter stillen, müssen sie sich leider um die Kinder **kümmern** und da kann man einfach auch nichts machen, aber wenn sie größer sind, sehe ich persönlich eigentlich keinen Grund, warum die Rollen eines Vaters und die Rolle einer Mutter **anders** sein sollten.

Alex Aber, ist das wirklich so? Ich meine, es wird immer groß **diskutiert**, die Väter sollen die Rolle der Mütter – ähm, die Rollen der Väter und Mütter sollten sich doch sehr **gleichen**, aber in Wirklichkeit ist das doch noch kaum der Fall, oder?

Claudia Ich denke, es gleicht sich mehr und mehr aus. Die meisten Mütter **beklagen** sich zwar immer noch, dass wenn sie sich mit ihren Kindern beschäftigen, sie dann **gleichzeitig** noch das Haus aufräumen und das Essen abspülen, wohingegen die Väter sich hinsetzen und mit ihren Kindern Lego spielen oder Bilderbücher lesen oder sonst was und damit die **Kinderzeit** als Freizeit ansehen und die Mütter die Kinderzeit als Arbeitszeit ansehen. Aber, ich denke, dass Väter in Zwischenzeit doch wesentlich mehr **eingreifen** und das auch als ihre Pflicht sehen – im Gegensatz als Last, wie vielleicht früher.

Winfried Das sehe ich ganz genauso. Ich glaube auch, dass da ein gewisses – ein **Rollentausch** oder eine, na ja, eine **Angleichung** dieser beiden, ehemals sehr unterschiedlichen, Rollen im Moment stattfindet. Wichtig scheint mir nur zu sein, dass **gewährleistet** ist, dass die Kinder mehr oder weniger einen Ansprechpartner haben, der aber nicht **ständig** wechselt, sondern der über längere Zeit dann den – die Bezugsperson darstellt. Ob das jetzt dann der Vater ist oder die Mutter, ist dann relativ egal – oder sogar eine, ja, **Erziehungsperson**, die sich aber dann möglicherweise, oder, oder das wär' dann zu begrüßen, **längerfristig** um die Kinder kümmert, so dass dort eine wirkliche Beziehung dann zwischen dem Kind und zwischen der Erziehungsperson **aufgebaut** werden kann.

Claudia Ich glaub' nicht, dass das stimmt, 'n Kind kann auch mehrere **Bezugspersonen** haben, es kann auch 'ne **gleichstarke** Bindung an den Vater und an die Mutter haben. Es muss nicht ein Elternteil sein, das sich ausschließlich um ein Kind kümmert, und Kinder können viele Leute als Bezugspersonen haben und auch gleich gern haben und trotzdem noch **stabile** und **ausgeglichene** Kinder sein.

Zweiter Teil

Alex Ich denke, dass hier die, die Rolle der Arbeit auch 'ne wichtige Rolle spielt. Ob die … beide Elternteile arbeiten, oder ob nur ein Elternteil arbeitet. Ähm, ich denke, das beeinflusst die Beziehung zum Kind doch sehr stark. Und meistens ist es halt doch die Mutter, die zu Hause bleibt, um sich um das Kind zu kümmern, und dass dadurch die Beziehung einfach viel stärker ist.

Claudia Das stimmt natürlich schon, aber wenn beide Partner arbeiten, dann gibt's zwangsläufig 'ne gleichstarke Bindung an beide Elternteile, weil das Kind auch beide ungefähr gleichviel sieht und dann kann sich's je nach Lust und Laune ein Elternteil als bevorzugtes Elternteil aussuchen, das sich dann um alles kümmern muss.

Winfried Würde ich gar nicht bestreiten. Würde nur anmerken, wenn beide Eltern berufstätig sind, dann ist die Hauptbezugsperson vielleicht nicht unbedingt ein Elternteil, sondern dann möglicherweise ist die Hauptbezugsperson dann diejenige Erziehungsangestellte oder diejenige Erzieherin, die sich dann maßgeblich, nämlich während des ganzen Tages, um das Kind kümmert, was prinzipiell weder schlecht noch gut ist – oder mag ich jetzt im Moment gar nicht abwägen. Aber es ist dann wahrscheinlich kein Elternteil, der dann den direkten Kontakt zum Kind hat, sondern es kann möglicherweise an eine dritte Person übertragen werden.

Claudia Das ist natürlich teilweise schon der Fall. Aber, wenn Kinder in Kindergärten gehen oder in Nurseries gehen, dann sind dort auch wiederum viele verschiedene Bezugspersonen da und ich glaube nicht, dass das 'nem Kind schaden würde.

Winfried Hm, bin ich prinzipell etwas anderer Auffassung. Ich glaube, ich halt's für sinnvoll, wenn ein Kind, gerade in den ersten Jahren, Bezugspersonen hat, die nicht wechseln, sondern, an die es sich halten kann, deren Stil sie kennen, deren ähm, ja Rückhalt sie über lange Zeit hinweg spüren. Ich kann mir vorstellen, dass das für Kinder – ich bin kein großer Experte auf diesem Gebiet – aber, ich kann mir vorstellen, dass das für Kinder eine recht angenehme Erfahrung ist.

Claudia Das stimmt sicherlich, aber ich glaub' trotzdem, dass der Rückhalt ihnen auch von verschiedenen gegeben werden kann. Und dass Kinder sehr schnell lernen, was die unterschiedlichen Beziehungspersonen machen, dass Mütter das machen, Kindergärtnerinnen jenes, und sie, solang das relativ stabil ist und liebevoll ist, damit keine Probleme haben.

4.3A Answers
See transcript.

4.3B Answers
Allow one point for the material between each pair of forward slashes and accept any reasonable formulations. Add to the student's total a mark of between 0 and 5 for fluency and style.

/I think it is becoming/more and more equal [balanced]./It is true that/most mothers still complain/that when they do things with the children/it is at the same time as/they tidy the house/and wash up after the meal,/whereas fathers sit down and play with/Lego with their children/or read picture books/or something like that./And so they see time spent with the children/as free time/and mothers see it as work time./But I think that men have recently/become much more involved/and see this as their responsibility/as opposed to a burden, as they perhaps did earlier./[20 + 5 for style = 25 points]

4.3C Answers
personal response

4.3 **Praxis** Answers
1 mich hingesetzt
2 beklagen sich
3 uns beschäftigen
4 gleichen sich
5 sich kümmern
6 sich ausgleichen

4.3D Answers

1 eine gleichstarke Bindung an beide Elternteile
2 Die Hauptbezugsperson wird nicht unbedingt ein Elternteil sein.
3 eine Erziehungsangestellte oder Erzieherin
4 Weil diese Person sich während des ganzen Tages um das Kind kümmert.
5 Dort sind viele verschiedene Bezugspersonen.
6 Er glaubt, es ist sinnvoll, wenn ein Kind gerade in den ersten Jahren Bezugspersonen hat, die nicht wechseln.

4.4 *Minderheiten in Deutschland* (✓)

4.4 Transcript

Erster Teil

Alex   Verglichen mit Großbritannien, meint ihr, dass man Deutschland als eine multikulturelle Gesellschaft **bezeichnen** kann?

Winfried   Insgesamt würde ich sagen, Deutschland ist **mittlerweile** auf dem Weg, eine multikulturelle Gesellschaft zu werden. Verglichen mit England habe ich das Gefühl, dass **generell** die Geisteshaltung in England offener ist gegenüber ausländichen Mitbürgern. Das kommt **sicherlich** zum einen aus der Geschichte, das mag aber auch einfach daher rühren, dass die englische Sprache wesentlich **verbreiteter** ist als die deutsche, sich auch einfacher erlernen lässt, und die Sprache scheint mir eines der wichtigsten Elemente zu sein, die **notwendig** ist zu können, einfach um sich integrieren zu können, um mit den Leuten **kommunizieren** zu können, und um, ähm, ein Mitbürger zu sein, der seine Rechte, aber auch die Pflichten ordentlich, oder in dem Sinne von normal, **wahrnehmen** kann.

Alex   Ihr meint also, dass die Sprache das A und O der Integration ist oder **spielen** auch andere Faktoren eine Rolle?

Felix   Ich denke, dass die Sprache sehr, sehr wichtig ist, denn im **Prinzip** heutzutage die Kommunikation ist fast ausschließlich, ähm, durch die Sprache und wenn man die Sprache nicht **beherrscht**, dann wird man sich immer **ausgegrenzt** fühlen, man wird, ähm, Feinheiten oder Witze, die **andere** Leute machen, nicht verstehen, man wird sich **ausgelacht** fühlen, wenn Leute über Witze lachen, weil man den **Witz** nicht verstanden hat und denkt dann **sofort**, dass über einen gelacht wird. **Insofern** denke ich schon, also dass die Sprache ein sehr, sehr wichtiger Teil der Integration **überall** ist.

Alex   Und von eurer Erfahrung her, wie denkt ihr, ist die Situation in Deutschland? Sind die Ausländer integriert oder sind sie doch eher abgespalten von dem Rest der Gesellschaft?

Winfried   Unterschiedlich, ähm, lässt sich nicht einfach sagen. Ähm, einige meiner Freunde, die aus dem Ausland kommen, würde ich als, ähm, vollständig integriert ansehen, weil sie dieselben Hobbys haben, dieselbe Art der Kultur pflegen, dieselben – wir sind in demselben Freundeskreis, wir machen eigentlich alles zusammen. Bei anderen Personen habe ich so das Gefühl, ähm, wahrscheinlich, wenn das Bildungsniveau nicht das allerhöchste ist, sondern, wenn Schulbildung, oder Universitätsausbildung zum Beispiel fehlen, dann scheint es schwieriger zu sein, einfache Kontakte zu finden und dann kann es manchmal zu diesen Situationen kommen, wo es dann ganze Bereiche gibt, oder Viertel, in denen sich dann ähm, Ausländer verstärkt ansiedeln. Und natürlich dann einen engeren Kreis bilden, in ihrer eigenen Kultur, in ihrer eigenen ... ähm, in ihrer eigenen Umgebung, ähm, so dass dann vielleicht die Integration nicht ganz so einfach möglich scheint.

Zweiter Teil

Felix   Ich, ich denke schon, dass das ähm, gerade, sagen wir mal Türken, die jetzt in der zweiten oder dritten Generation gar hier leben, dass die sich schon sehr gut integrieren. Dass die in die deutschen Schulen gehen, die deutsche Sprache vollkommen beherrschen und insofern, da ist schon eine recht große Integration zu merken. Jedoch, ähm, es ist natürlich schwieriger, für, sagen wir mal, Asylanten, die im Alter von 20, 25, 30, oder älter, nach Deutschland kommen, für diese Leute ist es natürlich sehr schwer, sich zu integrieren. Jedoch, wenn man in Deutschland voll und ganz aufwächst, denke ich schon, dass es ... eine hohe Integration schon zu spüren ist.

Alex   Meint ihr, dass Integration immer bedeutet, dass sich die Ausländer voll und ganz dem Leben in Deutschland angleichen müssen oder sollte es vielleicht auch eine offenere Haltung auf Seiten der Deutschen geben ... ähm, die Kultur der Ausländer besser zu verstehen?

Felix   Ich denke schon, dass ... das die beiden Seiten sind. Denn auf der einen Seite sollten natürlich die Deutschen tolerant sein und sollten bestimmte Sachen, sagen wir mal die Religion der Ausländer usw. respektieren. Auf der anderen Seite wiederum, denke ich, dass die Leute, wenn sie im Prinzip sich aussuchen, jetzt im Fall von Asylanten abgesehen, ähm, in Deutschland zu leben, dann sollten sie sich schon auch bemühen, ähm, Sachen, wie zum Beispiel die Sprache zu erlernen, um sich halt leichter zu integrieren.

Winfried   Das sehe ich ganz ähnlich. Ich glaube, das muss ein gegenseitiges Aufeinanderzugehen sein, von beiden Seiten in dem Fall. Die ausländischen Mitbürger müssen sich mit den Gegebenheiten, wie sie in Deutschland sind, auseinander setzen. Und da ist Sprache nur eine Möglichkeit, oder die rechtlichen Pflichten, die dann auch einfach anfallen, müssen wahrgenommen werden. Auf der anderen Seite, ähm, muss Deutschland, oder müssen die deutschen Staatsbürger offen genug sein, um die positiven Aspekte, die durch fremde Kulturen reingebracht werden können, auch richtig zu verstehen und als Bereicherung für ihre eigenen Sachen zu begreifen. Beides muss wahrscheinlich stattfinden.

4.4A Answers
See transcript.

4.4B Answers
1 verglichen mit Großbritannien
2 eine multikulturelle Gesellschaft zu werden
3 eines der wichtigsten Elemente
4 die Kommunikation ist fast ausschließlich durch
5 wenn Leute über Witze lachen
6 abgespalten von dem Rest der Gesellschaft
7 in demselben Freundeskreis
8 das Bildungsniveau
9 einfache Kontakte zu finden
10 in ihrer eigenen Kultur

4.4C Answers
1 (sich) integrieren 2 vollkommen 3 merken
4 Asylanten/Asylbewerber 5 Ausländer
6 sich angleichen 7 die Haltung
8 respektieren 9 sich bemühen 10 ähnlich
11 gegenseitig 12 Mitbürger
13 wahrgenommen 14 richtig 15 die Bereicherung

4.4D Answers
Some sentences can only be completed in one way. For the others, allow any reasonable formulations.
1 zweiten oder dritten Generation
2 integriert worden
3 (natürlich) schwieriger
4 angleichen/anpassen
5 offen beweisen
6 respektieren
7 Sprache zu (er)lernen
8 (gegenseitig) aufeinander zugehen
9 Pflichten
10 Bereicherung

4.4E Answers
personal response

4.4 Praxis Suggested answers
Witze, die andere Leute machen, kann man ohne gute Sprachkenntnisse nicht verstehen.
Einige meiner Freunde, die aus dem Ausland kommen, würde ich als integriert ansehen.
Ganze Viertel, in denen Ausländer ansiedeln, werden nie von Deutschen besucht.
Türken, die jetzt in der 2. oder 3. Generation hier leben, sind schon sehr gut integriert.
Asylanten, die im Alter von 20 nach Deutschland kommen, haben mehr Schwierigkeiten, sich zu integrieren.
Die rechtlichen Pflichten, die einfach anfallen, müssen wahrgenommen werden. Die positiven Aspekte, die durch fremde Kulturen reingebracht werden, sollten betont werden.

4.5 *Bildung zu mehr Toleranz* (✓)
4.5A Answers
Allocate two points to each answer and allow any reasonable formulations.
1 the results of a study were published
2 the attitude of the people of Europe to racism
3 the results are a cause for concern
4 are perceived as a threat
5 gives the greatest cause for concern
6 warned of the growth
7 he expressed the fear
8 may have an influence/effect on the whole political climate
9 disposed in their own way to
10 not bring short-term success
11 more desperately needed than ever
12 emancipatory education/training is called for

4.5B Suggested answers
Ein Berliner Soziologe hat neulich eine Untersuchung veröffentlicht.
Um die Haltung der europäischen Bevölkerung zu Rassismus mit jener von 1989 zu vergleichen.
Fast ein Drittel der Befragten gaben offen zu, sie hätten Vorurteile gegen Schwarze.
Einige schon, aber nur 22% nannten es als wichtige politische Aufgabe.
In mehreren Staaten, einschließlich Österreich und Belgien.
Bildung allein schafft nicht die nötigen Veränderungen.

4.5 Praxis Answers
1 letzten 2 ihren 3 europäischen
4 erregend 5 befragten 6 ihre, eigene
7 wichtige, politische 8 größten
9 neue, gesellschaftliche
10 rechtsextremer, fremdenfeindlicher
11 gesamte, politische 12 keine, kurzfristigen

Überblick 2. Ausgabe

4.6 *Wie Bürger eingreifen können* (✓)

4.6A Answers
personal response

4.6B Answers
e c h a d f b g

4.6C Answers
Allow one point for each expression between two forward slashes and accept any reasonable formulations.

/Alle Bundesbürger/können mitreden/und Einfluss über/Gemeindeentschlüsse nehmen./Wenn Ihre Initiative/von genügend/Wahlberechtigten/unterstützt wird,/kann der Gemeinderat/dazu gezwungen/werden,/ein Projekt/offen zu debattieren/und gezielte Aktionen/können ihr Ziel/durchsetzen./In den meisten/Bundesländern/existiert die direkte/Eingreifmöglichkeit/bei größeren Vorhaben,/vorausgesetzt,/dass so ungefähr/10 Prozent der/Unterschriften/aller Wahlberechtigten/gesammelt werden./
[26 points + 4 for style = 30 points]

4.6D Answers
personal response

4.6 Praxis Answers
1 haben ... durchgesetzt, hatten ... durchgesetzt, setzten ... durch
2 ist ... worden, war ... worden, wurde
3 sind ... gewesen, waren ... gewesen, waren
4 hat ... gegeben, hatte ... gegeben, gab
5 sind ... gewesen, waren ... gewesen, waren
6 ist ... herangekommen, war ... herangekommen, herankam
7 ist ... geblieben, war ... geblieben, blieb
8 sind ... gewesen, waren ... gewesen, waren
9 hat ... vorgeschlagen, hatte ... vorgeschlagen, schlug ... vor
10 ist ... geworden, war ... geworden, wurde

4.7 *Aktioncourage*

4.17A Answers
1 Sie wohnten in ausländischen Familien, nahmen dort ihre Mahlzeiten ein, begleiteten die Einwanderer bei Behördengängen oder Einkäufen, besuchten mit ihnen Veranstaltungen und verbrachten die restliche Zeit mit intensiven Gesprächen und Diskussionen.
2 Das Verhältnis zwischen deutschen Polizisten und Angehörigen ethnischer Minderheiten zu verbessern.
3 Weil es in Hoyerswerda, Rostock und Magdeburg Hetzjagden auf Ausländer und in Hamburg, Berlin und Frankfurt Polizeiübergriffe gegen Ausländer gegeben hat.
4 Es war erfolgreich; ein Polizist hat es zum Beispiel als eine nützliche Erfahrung gesehen und ein Einwanderer hat seine Meinung, alle Polizisten seien Rassisten, geändert.
5 Dass Polizisten und Einwanderer miteinander ins Gespräch gebracht werden und den Alltag und die Probleme des anderen kennen lernen.

4.7B Answers
personal response

4.7 Praxis Answers
trennbar: einnehmen, umgehen, durchführen
untrennbar: brandmarken

Einheit 5 *Gesetz und Politik*

5.1 *Politikumfrage* (✓)

5.1A Answers
1 an Wahlen teilnehmen
2 Wahlen auslassen
3 wählen
4 Partei
5 sich an Demonstrationen beteiligen
6 Mitglied
7 Gewerkschaft
8 sich politisch engagieren
9 sich informieren
10 Kriminalität
11 soziale Gerechtigkeit
12 Politiker
13 Regierung
14 Macht
15 Staat
16 eine (eigene) politische Meinung haben
17 Bürger
18 Demokratie

5.1B Answers

Prozentsatz, der ...	%
... unregelmäßig zu Wahlen geht	29
... einer Partei treu bleibt	51
... sich an der Arbeit politisch engagiert	14
... zu beschäftigt ist, um sich für Politik einzusetzen	66
... sich im Hörfunk politisch informiert	26
... meint, ein Politiker müsse immer die Wahrheit sagen	99
... meint, Entscheidungen der Regierung beeinflussen zu können	42
... meint, Politik sei zu schwer zu begreifen	74
... es für nötig hält, einen politischen Standpunkt zu vertreten	96
... Politik für lebensfremd hält	22

5.1C Answers
personal response

5.2 *Gespräch über Politik* (✓)

5.2 Transcript
Erster Teil
Interviewer   Bald sind Bundestagswahlen. Geht ihr wählen?
Susanne   Ich glaube nicht. Bis jetzt hab' ich noch keine Ahnung, was die Parteien eigentlich wollen. Es interessiert mich auch nicht besonders. Und es bringt doch nichts, wählen zu gehen, wenn man von Politik nichts versteht.
Michaela   Moment mal, du kannst doch zumindest grob die Parteien unterscheiden, oder?
Susanne   Ja, so einigermaßen. Aber ich weiß echt nicht, ob mir das Programm von der CSU oder der SPD besser gefällt. Ich habe eine Freundin bei der SPD, vielleicht erklärt die mir das vor den Wahlen ja noch.
Michaela   Also, ich lasse nicht gern über mich bestimmen. Wenn mich etwas stört, dann will ich es ändern. Deshalb geh' ich wählen, auch wenn mich im Moment keine Partei restlos überzeugt. Deine Einstellung finde ich ziemlich bescheuert. Du musst ja nicht gleich in eine Partei eintreten, aber es ist ja wohl das Mindeste, sich über Politik zu informieren und dann die paar Schritte zur Wahlurne zu tappern.
Susanne   Solche Kritik lässt mich kalt. Ich finde es völlig in Ordnung, wenn ich sage: Mein Leben und mein Glück sind das Wichtigste für mich. Das hört sich jetzt egoistisch an, aber so denken doch die meisten.
Michaela   Wenn du nicht wählen gehst, darfst du dich hinterher auch nicht aufregen, wenn es in der Politik nicht so läuft, wie du dir das vorstellst.
Susanne   Ich rege mich ja auch gar nicht auf.
Michaela   Aber wenn du auf einmal Studiengebühren zahlen sollst oder kein Bafög mehr kriegst, dann ärgert dich das schon, oder? Und du fragst trotzdem nicht, wer dafür verantwortlich ist.
Susanne   Ich ärgere mich, ja. Aber den Verantwortlichen suchen – dazu bin ich wohl zu faul … Wenn es mein Studium betrifft, würde ich schon mal nachhaken, aber deshalb interessiere ich mich doch noch lange nicht für den restlichen Parteienkram.
Michaela   Die Programme sind ja auch viel zu lang und kompliziert. Aber man kann sich doch überlegen, welches Problem einem gerade am wichtigsten ist: Wenn ich kein Bafög kriege, dann gucke ich, welche Partei das

verbockt hat und welche es vielleicht besser machen könnte. Und wenn ein paar Monate später das Bafög für mich gerade kein Problem mehr ist und mir Umweltfragen wichtiger sind, dann gucke ich mir wieder die Parteien an – und wähle vielleicht eine andere.

5.2A Answers
Susanne: ist nicht an Politik interessiert und plant auch nicht, zur Wahl zu gehen.
Michaela: ist sehr an Politik interessiert und glaubt, dass man sich nicht beschweren darf, wenn man selbst nicht wählt.

5.2B Answers
1 Bis jetzt hab' ich noch keine Ahnung.
2 Es bringt doch nichts.
3 so einigermaßen
4 restlos überzeugt
5 ziemlich bescheuert
6 in eine Partei eintreten
7 es ist ja wohl das Mindeste
8 Solche Kritik lässt mich kalt.
9 So denken doch die meisten.
10 wer dafür verantwortlich ist

5.2C Answers
1 Politiker tun zu wenig für junge Leute.
  Es ist peinlich, wenn Politiker auf jugendlich machen.
  Politiker halten Jugendliche für doof.
  Sie nehmen Jugendliche nicht ernst.
  Nur ganz wenige Politiker unterstützen Aktionen von Jugendlichen.
  Die Gespräche mit Politikern sind enttäuschend.
  Die Politik ist jugendverdrossen.
  Bundestagsdebatten haben mit dem Leben Jugendlicher nichts zu tun.
  Politiker verstehen die Drogenprobleme nicht.
  Politiker regieren nicht, sondern reagieren nur.
  Jugendliche glauben Politikern nicht mehr, weil sie die Probleme selbst erzeugen.
2 soziale Gerechtigkeit, Arbeitslosigkeit

5.2D Answers
1 kleiden und benehmen sich wie Jugendliche.
2 keine Lust/kein Interesse haben
3 nicht an der Jugend interessiert
4 eine Diskussion im deutschen Parlament
5 Alle Menschen haben die gleichen Ansprüche auf Sozialleistungen/werden gleich behandelt, egal aus welcher Schicht sie kommen.
6 (Die Regierung) hat nicht genug Geld./Es fehlt an Geld.

5.2E Answers
personal response

5.2 Praxis Answers

1 (etwas) verstehen **von** (+**Dat.**)
bestimmen **über** (+**Akk.**)
eintreten **in** (+**Akk.**)
sich informieren **über** (+**Akk.**)
sich interessieren **für** (+**Akk.**)
sich zwängen **in** (+**Akk.**)

halten **für** (+**Akk.**)
reden **mit** (+**Dat.**)
(etwas) zu tun haben **mit** (+**Dat.**)
wichtig **für** (+**Akk.**)
verantwortlich **für** (+**Akk.**)

2 Viele Politiker beklagen sich, dass die heutige Jugend oft nichts **mit** Politik **zu tun haben** will. Statt dessen **interessieren** sie sich meist nur **für** ihr**e** persönlich**en** Interessen. Parteien werden **für** Jugendliche immer weniger **wichtig**. Doch sind die Parteien nicht selbst **verantwortlich für** diese Situation? Viel zu selten **reden** Politiker **mit** Jugendlich**en**. Deshalb **verstehen** sie auch nichts **von** d**en** Problem**en** junger Leute. Diese wiederum **halten** die etablierten Parteien **für** altmodisch. In den letzten Jahren ist immer weniger Nachwuchs **in** d**ie** Parteien **eingetreten**. Junge Leute wollen sich nicht mehr **in** veraltet**e** Rollenbilder **zwängen** und **über** ihr eigen**es** Leben **bestimmen**. Die Lage kann sich nur verbessern, wenn sich beide Seiten mehr **über** einander **informieren**.

5.3 *Jugendliche als Politiker* (✓)

5.3 Transcript

Interviewerin   Sie waren sauer auf die Politiker. Und wurden selbst aktiv. Jetzt machen sich drei Schüler als gewählte Stadträte in Zülpich für die Interessen von Jugendlichen stark. Die Stadträte Matthias Höft (18), Christine Schmidt (18) und Holger Fischer (19) gehen noch zur Schule. Holger, ihr sitzt hier am Ratstisch ja schon wie die Polit-Profis. Heimlich geübt bei den Jusos?

Holger   In Zülpich gibt's nur die Junge Union, und deren stellvertretende Vorsitzende hat der Presse neulich gesagt, so ein dreckiges Pack wie wir hätte nichts im Rat zu suchen. Nein, wir hatten alle bis vor einem halben Jahr null Politik-Erfahrung. Du auch nicht, oder?

Matthias   Doch, ich bin vor Jahren mal mit 30 Mann im Rathaus aufgetreten, damit wir hier eine Möglichkeit kriegen zum Skateboarden. Damals wurde uns ein kleiner Park versprochen, übrig geblieben ist eine Halfpipe, die von älteren Jugendlichen wieder zerlegt worden ist.

Interviewerin   Und wann entstand die Idee, für den Stadtrat zu kandidieren?

Holger   Auf einer Karnevalssitzung im Februar, als ein Bürgermeister-Kandidat einen ziemlich peinlichen Auftritt hatte. Da haben wir uns im Freundeskreis überlegt, wen wir eigentlich wählen sollen, und keine der bestehenden Parteien kam in Frage. Seit 50 Jahren regiert hier die CDU, die warb mit einer angeblich „jungen Mannschaft", aber der Jüngste war Anfang Vierzig.

Matthias   Und so sieht Zülpich auch aus. Es gibt keinen einzigen Jugendtreff, dafür drei Altenheime. Also dachten wir: Wenn die nichts für uns tun, müssen wir eben selber ran.

Interviewerin   Wie habt ihr das organisiert, Christine?

Christine   Eigentlich wollten wir einen Bürgermeister-Kandidaten aufstellen, aber wir hatten keinen, der schon 23 ist. Also haben wir eine Wählervereinigung gegründet, das bedeutet: Wir mussten für jeden Wahlkreis einen Kandidaten suchen, 17 insgesamt. Wir kennen uns fast alle aus der Schule.

Interviewerin   Wie lief der Wahlkampf?

Christine   Wir haben bis nachts um halb zwei Plakate geklebt: „1 000 Mal gewählt, 1 000 Mal ist nichts passiert." Und wir sind von Haus zu Haus gegangen und haben 8 000 Bürgerbriefe verteilt, alles finanziert über Spenden.

Interviewerin   Kam das gut an bei der Jugend, Holger?

Holger   Die sind in Zülpich leider genauso wenig wählen gegangen wie anderswo auch. Die meisten haben einfach keine Lust, sich dahinzuschleppen. Die denken, meine Stimme zählt eh nicht.

Christine   Wenn in der Gruppe einer sagt, ich geh' da nicht hin, dann gehen alle anderen auch nicht. In Mädchengruppen ist diejenige die Coolste, die nicht beim Wählen war.

Interviewerin   Wie reagieren denn die anderen Parteien?

Christine   Erst wollten sie uns anwerben. Und dann haben sie sich auf die Jugendpolitik gestürzt, die CDU wollte sogar ein Jugendzentrum in einem Container errichten.

Interviewerin   Und was sind eure Ideen?

Holger   Unseren ersten Antrag haben wir schon eingebracht: Das Jugendzentrum neben der Stadthalle, das gerade dichtgemacht worden ist, soll wieder eröffnet werden. Außerdem soll Zülpich endlich wieder an die Bahnlinie angeschlossen werden – jetzt fährt der letzte Bus von Euskirchen um 19 Uhr zurück. Das einzige Kino hat die Volksbank gekauft und will Parkplätze daraus machen, dagegen protestieren wir auch.

Interviewerin   Wie sieht euer politischer Alltag aus?

Holger   Ratssitzungen, Ausschüsse, Fraktionssitzungen, und für mich persönlich noch die Fraktionsvorsitzenden-Konferenz. Und sehr viele Pressetermine.

Christine   Beim ersten Interview war uns ziemlich bange, aber das hat sich gelegt, sogar beim Fernsehen haben wir schon Routine.

Interviewerin   Und wo sehen wir euch in 20 Jahren? Im Bundeskanzleramt?

Christine   Nee, das ist echt zu hoch gegriffen.

Interviewerin   Matthias?

Matthias   Ich glaube, Bundespolitik ist mir zu abstrakt, da kann man nicht so viel bewegen wie hier in der Stadt.

Holger   Auf jeden Fall müsste man sich dann einer größeren Partei anschließen. Welcher, das muss ich mal sehen.

5.3A Answers
1 a 2 o 3 f 4 k 5 b 6 m 7 g 8 l 9 d
10 j 11 h 12 n 13 c

5.3B Answers
wählen – Partei, Kandidat, Bürgermeister
regieren – Stadt, Land
aufstellen – Wahlzettel, Kandidat, Wahlurne, Partei
gründen – Partei, Wählervereinigung, Jugendzentrum
verteilen – Bürgerbriefe, Wahlzettel
finanzieren – Wahlkampf, Bürgerbriefe, Partei, Jugendzentrum, Wählervereinigung
anwerben – Wähler, Interessenten, Stimmen

5.3C Answers
personal response

5.3 Praxis Answers
1 <u>Wir</u> haben bis nachts um halb zwei Plakate geklebt.
   Bis nachts um halb zwei sind Plakate geklebt worden.
2 Und <u>wir</u> haben 8 000 Bürgerbriefe verteilt.
   8 000 Bürgerbriefe sind verteilt worden.
3 <u>Die CDU</u> wollte sogar ein Jugendzentrum in einem Container errichten.
   Ein Jugendzentrum sollte in einem Container errichtet werden.
4 Unseren ersten Antrag haben <u>wir</u> schon eingebracht.
   Unser erster Antrag ist schon eingebracht worden.
5 Das einzige Kino hat <u>die Volksbank</u> gekauft.
   Das einzige Kino ist gekauft worden.
6 Da kann <u>man</u> nicht so viel bewegen wie hier in der Stadt.
   Da kann nicht so viel bewegt werden wie hier in der Stadt.

5.4 *Tatort Schule*

5.4A Answers
1 die Prügelei 2 hänseln 3 schikanieren
4 die Brutalität 5 eine Gewalttat begehen
6 das Opfer 7 gewalttätig 8 aggressiv
9 treten 10 mit körperlicher Gewalt drohen
11 erpressen 12 quälen 13 beschimpfen
14 verhöhnen 15 Gerüchte verbreiten
16 anrempeln 17 zwingen 18 die Hinterlist
19 verletzen 20 tyrannisieren

5.4B Answers

Täter	Opfer
• darf zu Hause keine Schwäche und Gefühle zeigen	• ängstlich
• erhöht aggressiv	• bricht schnell in Tränen aus
• hat keine Lust zur Schule	• empfindsam
• hat oft Probleme im familiären Bereich	• hat ein negatives Selbstbildnis
• körperlich stärker	• hat keine Lust zur Schule
• seine/ihre Eltern halten Schikane für eine Form von Stärke	• irgendwie auffällig (z. B. zu dick, zu klein, Sprachfehler)
	• kann auf Attacken nicht reagieren
	• körperlich schwächer
	• manchmal ungelenk
	• oft gute/r Schüler/in
	• signalisiert, wertlos zu sein
	• unsicher
	• wehrt sich nicht
	• weniger aggressiv

5.4C, D Answers
personal response

5.4 Praxis Answers
Aber es sind keine Waffen oder Fäuste nötig, um jemanden <u>zu quälen</u>.
But no weapons or fists are necessary <u>to torture</u> somebody.
Erst riefen die Mitschüler ihn „Zwergerl", dann rempelten sie ihn an, um sich mit gespielter Reue <u>zu entschuldigen</u>, sie hätten ihn übersehen.
First his classmates called him 'dwarf', then they jostled him, only <u>to apologise</u> with feigned remorse for not having seen him.
Schließlich hängten sie ihn wiederholt aus dem Klassenfenster, „um ihn <u>zu strecken</u>".
Finally, they repeatedly hung him out of the window of their classroom 'in order <u>to stretch</u> him'.
Eine 16-Jährige, die mit den teuren Markenklamotten ihrer Klassenkameraden nicht mithalten konnte, wurde aufgefordert – verbal

und durch anonyme Briefchen – die Schule <u>zu verlassen</u>.

A 16-year-old girl, who could not keep up with the expensive designer gear of her classmates, was asked – verbally and in anonymous letters – <u>to leave</u> the school.

Auf dem Nachhauseweg wurde eine 13-Jährige von älteren Mädchen gezwungen, sich vor einer Gruppe Jungen <u>auszuziehen</u>.

On her way home, a 13-year-old girl was forced by older girls <u>to strip</u> in front of a group of boys.

Mädchen nutzen vorrangig Hinterlist und Intrige als Instrument, um <u>zu verletzen</u>, aber auch bei ihnen ist die Hemmschwelle, <u>zuzuschlagen</u>, gesunken.

Girls predominantly use deceit and conspiracy <u>to hurt</u>, but now they no longer hold back from hitting out.

5.4E Answers

Immer mehr Schüler sind heutzutage von Mobbing betroffen. Die Aggressivität unter Jugendlichen scheint ständig zuzunehmen. Die Gewalttaten sind unterschiedlich und nicht immer körperlich. Ein Opfer wiederholt zu hänseln oder gemeine Gerüchte zu verbreiten, ist mindestens genauso verletzend wie Prügel. Vor allem Mädchen benutzen verbale Gewalt, um Klassenkameraden zu schikanieren. In den letzten Jahren sind sie jedoch auch körperlich gewalttätiger geworden. Eine moderne Methode aus den USA soll nun helfen, das Problem an deutschen Schulen zu lösen.

5.5 *Berlins strengster Lehrer*

5.5A Answers

Die Hauptschule beginnt in der Regel mit der 5. Klasse und endet mit der 9. (oder 10.) Klasse. Mit dem Hauptschulabschluss kann man eine Berufsausbildung machen.

5.5B Answers

1 voll im Griff 2 schwänzt 3 brav 4 Pennen
5 Raub 6 waren an der Tagesordnung
7 wird zur Kasse gebeten 8 angezeigt
9 Knast 10 Pauker

5.5C Answers

1 • es regierte das Chaos
  • Schülerbanden terrorisierten Mitschüler und Lehrer
  • Prügeleien, Erpressung und Raub waren an der Tagesordnung
  • bis zu zwei Drittel der Schüler schwänzten regelmäßig
2 • kein Schüler kommt zu spät zum Unterricht
  • keiner schwänzt
  • alle machen ihre Hausaufgaben
  • geradezu paradiesische Zustände

5.5D Answers

• beschädigtes Schuleigentum bezahlen
• Toiletten schrubben
• angezeigt werden (auch Eltern)
• Polizei wird gerufen
• von der Schule fliegen

5.5 Praxis Answers
personal response

5.6 *Frauen als Opfer von Gewalt* (✓)

5.6A Answers
personal response

5.6B Answers

• im Parkhaus direkt an der Kasse parken
• nicht auf Frauenparkplätze vertrauen
• ein Reizgasfläschchen bei sich haben
• abends nicht allein mit dem Zug fahren
• einen Umweg machen, um bedrohliche Situationen zu vermeiden

5.6C Answers

1 Für Sabine ist es offensichtlich, im Dunkeln **Angst zu haben**.
2 Sie parkt ihr Auto immer direkt an der Kasse, damit sie nicht **allein aus- und einsteigen muss**.
3 Frauenparkplätze sind ihrer Meinung nach **nicht sicher genug/zu unsicher**.
4 Statt eines Taschenmessers hat Sabine jetzt immer **ein Reizgasfläschchen bei sich**.
5 Sie ist verunsichert, wenn nachts jemand **auf ihrer Straßenseite geht**.
6 Abends fährt sie jetzt nicht mehr **mit dem Zug**.
7 Sie vermeidet es auch, **am Bahnhof entlangzugehen**.
8 Die Konsequenzen dieser Ängste sind, dass das Leben von Frauen **eingeschränkt und eingeengt wird**.

5.6D Answers

Eigentlich sehen die ganz normal aus: Leder- oder Jeansjacke, kurze Haare, jünger als sie. Vor Berit stehen zwei schwere Taschen, die sie von zu Hause mitgeschleppt hat. Ganz schön unbeweglich würde sie sein, wenn sie damit gleich an der Endhaltestelle noch auf den Bus warten müsste. Und die Typen glotzen schon die ganze Zeit. Berit hat plötzlich Angst und das Gefühl, man könne ihr das ansehen. Hätte sie sich doch lieber gleich ein Taxi genommen! An der nächsten Haltestelle steigt Berit aus und ruft verängstigt ein Taxi, das sie zu ihrer Wohnung bringt. Eine nervlich überspannte Studentin?

5.6E Answers
personal response

5.6 Praxis Answers

1 a How harsh this report is becomes clear
when you think about the consequences of
these fears for many students.

b More than half of the women questioned do
not travel by train or underground at night.

2 Zwei Frauen sitzen am späten Abend in der
S-Bahn. Die Verängstigte schaut sich immer
wieder nervös nach den männlichen
Mitreisenden um, während die
Selbstbewusste in ihr Buch versunken ist. An
der nächsten Station steigen zwei Betrunkene
ein, die sich zwischen die Verängstigte und
die Selbstbewusste setzen, sehr zum
Entsetzen der Verängstigten. Die
Betrunkenen versuchen, mit der
Verängstigten und der Selbstbewussten ein
Gespräch anzufangen. Die Selbstbewusste
gibt den Betrunkenen jedoch deutlich zu
verstehen, dass sie an einem Gespräch nicht
interessiert ist. Sie kann die Verlegenheit der
Verängstigten fühlen und wechselt mit ihr
gemeinsam das Abteil. An der Endstation ruft
die Selbstbewusste ein Taxi für die
Verängstigte, damit diese ganz beruhigt nach
Hause fahren kann.

5.7 *Die Frau von der Mordkommission* (✓)

5.7A Answers
personal response

5.7B Answers
1 R **2** R **3** F **4** F **5** N **6** R **7** F **8** R **9** R
10 R

5.7C Suggested answers

1 eine Abteilung der Polizei, die Mordfälle
aufklärt

2 intensiv ansehen

3 das Sammeln von Material und
Zeugenaussagen, die den Mörder überführen
sollen

4 intensiv und detailliert befragen

5 Der/die Täter/in gibt zu, die Tat begangen zu
haben.

6 nach dem Fall der Mauer/nach 1989

7 die an der Kommissarenstelle interessiert
waren

8 haben insgeheim darauf gewartet

9 Befragungen von Verdächtigen und Zeugen

10 ist die Chefin

5.7D Answers
personal response

5.7 Praxis Answers
2 • arbeiten an (+Dat.)
• sich verlassen auf (+Akk.)
• sorgen für (+Akk.)
• bringen zu (+Dat.)
• träumen von (+Dat.)
• scharf sein auf (+Akk.)
• lauern auf (+Akk.)
• sich gewöhnen an (+Akk.)

Suggested answers

3 Sie arbeitet an einem schwierigen Fall.
Sie arbeitet daran, diesen Mord aufzuklären.
Ich verlasse mich auf dich.
Ich verlasse mich darauf, dass du pünktlich
bist.
Sie sorgt für gute Stimmung.
Sie sorgt dafür, dass genug Vorrat im
Kühlschrank ist.
Ich bringe euch zum Lachen.
Ich bringe euch dazu, auf den Tischen zu
tanzen.
Er träumt von einer Karriere als
Schauspieler.
Er träumt davon, berühmt zu werden.
Sie sind scharf auf unsere Pizza.
Sie sind scharf darauf, zur Party zu gehen.
Der Dieb lauerte auf seine Gelegenheit.
Der Dieb lauerte darauf, dass wir aus dem
Haus gingen.
Man gewöhnt sich an alles.
Man gewöhnt sich daran, jeden Morgen um 6
Uhr aufzustehen.

5.8 *Zivilcourage* (✓)

5.8 Transcript

Claudia Was ist Zivilcourage denn eigentlich?

Felix Ich würde einen Teil der Zivilcourage
auf jeden Fall insofern **definieren**, dass man,
wenn man **Gewalttaten** oder etwas
Ähnliches auf der Straße sieht, dass man dort
in gewisser **Weise** eingreift. So, jetzt stellt
sich natürlich die Frage, **inwiefern** sollte
man da eingreifen? Meiner Meinung nach,
sollte man nicht soweit gehen, dass man
seine eigene Gesundheit oder sein eigenes
Leben aufs **Spiel** setzt, sondern man sollte
halt so eingreifen, dass es demjenigen, der
attackiert **wird**, hilft, aber man trotzdem nicht
in eigene Gefahr gerät. Das heißt vielleicht,
man sollte die Polizei rufen, man sollte
andere Leute **dazu** animieren, einem zu
helfen, die Situation zu beseitigen, oder was
Ähnliches.

Kathrin Das mit der Polizei rufen, ist, glaube
ich, ein gutes **Stichwort**, weil ich zum Beispiel
schon oft **beobachtet** hab' bei Unfällen, dass
alle Leute stehen bleiben, schauen – und

keiner tut was. Keiner ruft die Polizei, keiner versucht, dem Verletzten zu helfen, alle schauen nur und denken, **irgendwer** wird's schon machen. Und das ist so eine Grundeinstellung bei **vielen** Leuten, dass, dass sie schon sehen, was um sie herum Schlechtes passiert, aber dass man immer denkt, na ja, es wird schon irgendjemand sich kümmern. Und ich hab' **selber** die Erfahrung gemacht, auf einem kleinen Bahnhof in Mecklenburg, dass da zwei sehr junge Jugendliche die, die Schalterangestellten **beschmissen** haben, mit, mit kleineren Steinen usw. Alle Leute haben geschaut und keiner hat was gemacht. Und als, als ich dann etwas **energischer** geworden bin, sind die ohne weiteres gegangen. Also, es ist oft auch Bequemlichkeit, dass die Leute einfach denken, na ja, wird schon nichts passieren oder ist ja nicht so schlimm, da muss man nichts machen.

5.8A Answers
See transcript.

5.8B Answers
Felix
1 „Zivilcourage" bedeutet laut Felix, bei Gewalttaten oder Ähnlichem auf der Straße einzugreifen.
2 Dabei sollte man aber vermeiden, seine eigene Gesundheit oder gar sein eigenes Leben zu gefährden.
3 Man kann beispielsweise helfen, indem man die Polizei ruft oder andere Leute zum Helfen animiert.

Kathrin
1 Viele Leute bleiben bei Unfällen passiv, d. h. sie schauen, aber unternehmen nichts, um zu helfen.
2 Viele Leute scheinen darauf zu vertrauen, dass irgendjemand schon helfen wird.
3 Kathrin hat beobachtet, wie Kinder Schalterangestellte auf einem Bahnhof belästigt haben, worum sich niemand gekümmert hat. Ein kurzes energisches Einschreiten von Kathrin hat jedoch gereicht, um die Belästigung zu beenden.

5.8C Answers
1 Unfallzeugen 2 kopfüber 3 entsetzt
4 Anwalt 5 angeklagt 6 Erste(r) Hilfe
7 stabile Seitenlage 8 Trost zusprechen
9 Notwehr 10 Geldbuße

5.8D Answers
1 d 2 b 3 l 4 j 5 g 6 h 7 c 8 k 9 e

10 f (a, i = distractors)

5.8E Answers
personal response

5.8 Praxis Answers
1 Einen 2 eigene 3 ihn 4 der 5 es
6 niemand 7 Einem 8 der 9 einer 10 den
11 das 12 aufgeheizten 13 offensichtlichen

Einheit 6 *Historisch gesehen*

6.1 *Deutschland finde ich . . . (✓)*
6.1A Answers
1 zwiegespalten 2 angenehm 3 facettenreich
4 vielfältig 5 reizvoll 6 ignorant 7 spießig
8 demokratisch 9 friedlich 10 sozial
11 zusammengewachsen
12 ausländerfreundlich 13 erstaunlich
14 beachtlich 15 zielstrebig

6.1B Answers
1 Claire 2 Yannick 3 Benjamin 4 Matei
5 Matei 6 Tobias 7 Holger 8 Jeanette
9 Sebastian 10 Robert 11 Valentin 12 Grit
13 Clemens 14 Martin 15 Geraldine 16 Kai
17 Manuela 18 Geraldine 19 Svea
20 Christopher

6.1C, D Answers
personal response

6.1 Praxis Answers
Aber wenn ich Regierungschef <u>wäre</u>, <u>dürfte</u> man umsonst S-Bahn fahren und legal Marihuana rauchen. Außerdem <u>würde</u> ich die Faschos stärker bekämpfen – und mit der Nato ein ernstes Wörtchen reden.
Wenn ich Kanzler von Deutschland <u>wäre</u>, <u>gäb</u>'s weniger Arbeitslose, mehr Spaß am Leben, Nächstenliebe, stärkere Toleranz gegenüber Andersdenkenden.

6.2 *Weimarer Republik (✓)*
6.2A Answers
personal response

6.2B Answers
1 Weimar musste etwa 4 000 Besucher in der kleinen Stadt unterbringen. Zum Teil mussten Quartiere in Privathäusern erzwungen werden.

2

Alte Einrichtungen	Neue Funktionen
Theater	Sitz der Nationalversammlung, Arbeitsräume der Fraktionen, Telefonamt
Armbrustschützengesellschaft und Erholungsgesellschaft	Theater
großherzogliches Residenzschloss	Wohn- und Arbeitsstätte für Friedrich Ebert und die provisorische Regierung, Arbeitsräume der Fraktionen, der Ministerien, der Ausschüsse
Fürstenhaus	Tagungen des Staatenausschusses und der Ländervertretungen
Mädchenlyzeum „Sophienstift"	Telegrafenamt

3 Er hatte das Schloss 1913 bauen lassen, musste 12 Wochen vor dem Einzug der Nationalversammlung abdanken, war tagelang im Schloss interniert worden, musste es am 13. November mit seiner Frau und drei kleinen Kindern verlassen, wurde nach Schloss Allstedt transportiert.

4 In Weimar hatten die Bürgerlichen Parteien bei den Wahlen die absolute Mehrheit erreicht. Sie sahen der Arbeiterregierung daher mit viel Misstrauen entgegen. Sie duldeten Ebert nur, weil zwei seiner Söhne im Krieg gefallen waren. Sie wollten mit der Nationalversammlung nichts zu tun haben, weil sie auf die kulturellen Traditionen ihrer Stadt sehr stolz waren, die eng mit dem Herzogshaus verbunden war.

6.2C Answers
personal response

6.2 Praxis Answers

1 Man mietete das Theater für wöchentlich 40 000 M und stattete den Zuschauerraum eilig mit dem Gestühl aus dem Berliner Reichstagsgebäude aus.

2 Man brachte Friedrich Ebert und die provisorische Regierung im neuen Flügel des großherzoglichen Residenzschlosses unter.

3 Man hatte ihm nach seiner Abdankung nicht erlaubt, mehr als das Notwendigste mitzunehmen.

4 Man richtete im Theater das Telefonamt und im nahe gelegenen Mädchenlyzeum „Sophienstift" das Telegrafenamt ein.

5 Man richtete zum Flugplatz Weimar am Webicht am 5. Februar die erste zivile Luftfahrtlinie Deutschlands, einen Post- und Zeitungskurierdienst, von Berlin ein.

6 Erst zwölf Wochen waren vergangen, seit man Großherzog Wilhelm Ernst von Sachsen-Weimar-Eisenach mit seiner Familie in ebenden Räumen des Schlosses, die er 1913 hatte erbauen lassen, erst tagelang internierte, um ihn dann am 13. November gewaltsam daraus zu vertreiben.

7 Der Arbeiter- und Soldatenrat, der ihm am 9. November die Abdankung nahe gelegt hatte, hatte ihn mit seiner Frau und seinen drei kleinen Kindern unter Bedeckung im offenen Auto nach Schloss Allstedt abtransportiert.

6.3 *Die Nürnberger Prozesse* (✓)

6.3A Answers
personal response

6.3B Answers

Prozess	Naziverbrechen
Eröffnung	Geisteskranke
Freiheitsstrafen	ermorden
Freisprüche	Juden liquidieren
Gerichtssaal	Konzentrationslager
im Zeugenstand stehen	Massenerschießungen
Justizgebäude	medizinische
Kreuzverhör	Experimente
Richter	Misshandlungen
Todesurteil	Mord und Grausamkeit
Urteil	Rassengesetze
Urteilsverkündung	Verhungern
Verurteilte	Zwangsarbeit
vor Gericht bringen	
Zeugen	

6.3C Answers
The trial was the focus of worldwide attention: only a few months after the end of the war, it gave politicians and journalists from all over the world the first opportunity to pay a flying visit to defeated Germany and have a cautious look at the captured Nazi chiefs. Most international visitors came to the highlights of the trial, to its opening, to Göring's cross-examination or to the pronouncement of the sentence. Then they quickly returned to their clean home countries. Germany in the winter of 1945/46 was an inhospitable place, in which no one stayed longer than was strictly necessary. Nuremberg had been chosen as the trial venue because the court building there hadn't been destroyed and there was sufficient accommodation for the allied personnel. Moreover, it may well have had a particular attraction for the victors: they could bring the Nazi leaders to trial at the place of the swanky party conferences and the infamous racial laws.

6.3D Answers
1 täglich erschreckende Dokumente über Mord und Grausamkeit
2 Konzentrationslager; Massenerschießungen; Misshandlungen an Juden, Zigeunern, Russen und Polen; medizinische Experimente; Zwangsarbeit
3 Hitler hatte den Krieg begonnen, wollte die Juden liquidieren, ließ Geisteskranke ermorden, russische Kriegsgefangene verhungern und Ostarbeiter nicht in Schutzräume.
4 Ausmaß der Planung und Organisation der Vernichtung
5 (die Mörder persönlich); KZ-Kommandanten; Einsatzgruppenführer; SS-Ärzte; andere bereits Verurteilte.
6 leugneten die Verbrechen nicht; verschleierten eigene Verantwortung
7 12 Todesurteile; 7 Freiheitsstrafen; 3 Freisprüche
8 zwei Wochen später; (Göring beging Selbstmord)

6.3E Answers
personal response

6.3 Praxis Answers
1 a im Mittelpunkt weltweiter Aufmerksamkeit
   b nach dem Ende des Krieges
   c Ort der protzigen Parteitage, der infamen Rassengesetze
   d die Planung und Organisation der Vernichtung
   e keiner der Angeklagten
   f zehn der Verurteilten
2 a das Urteil der/des Richter/s
   b die Verfolgung der Juden
   c die Ermordung der Geisteskranken
   d die Erschütterung der internationalen Journalisten
   e der Kommandant des Konzentrationslagers
   f die Experimente der SS-Ärzte
   g das Verhungern der russischen Kriegsgefangenen
   h der Gerichtssaal des Nürnberger Justizgebäudes
   i die Verurteilung der Angeklagten
   j die Eröffnung des Prozesses
   k die Befragung der Zeugen
   l die Grausamkeit der Verbrechen

6.4 *Alltag 1949* (✓)
6.4A, B, C, D Answers
personal response

6.5 *Die wilden Sechziger*
6.5A Answers
1b 2c 3a 4d

6.5B Answers
1 Vorboten 2 Wahlspruch 3 Modenschauen
4 auf Rezept 5 verhüten 6 Kindfrau
7 Möbelpolitur 8 betuchtere Bürger 9 relativ bescheiden 10 in geometrischen Mustern

6.5C Answers
1 Die Hippiekultur ist gekennzeichnet von *Absage an den Konsum, Naturnähe, freier Liebe, Secondhand-Klamotten und Drogenrausch.*
2 In der Mode verändert sich *die Länge der Röcke.*
3 Ärzte verschreiben *erstmals 1962 die Antibabypille.*
4 Die ideale Figur für Frauen *ist zum Teil extrem schlank.*
5 Im ostdeutschen Radio kann man *ab 1964 die Beatles hören.*
6 Die Mode der 60er wird dominiert *von knallbunten und wildgemusterten Farben.*
7 Plastiktüten und Spraydosen sind *Neuerungen, die besonders Hausfrauen erfreuen.*
8 Möbel werden aus *Plastik hergestellt.*
9 Ostdeutsche verdienen *weniger als Westdeutsche.*
10 Weniger Unterschiede gibt es *in der Mode.*

6.5D, E Answers
personal response

6.6 *Die Berliner Mauer* (✓)
6.6A Answers
beiden, Gegensätze, Ereignissen, zerstörte, Welt, erhebt, sowjetischer, Grenzübergang, gegenüber, Fluchten, scheitern, vor, wird, vier, feierlichen

6.6B Answers
personal response

6.6C Answers
- umgebaute Autos
- Mini-U-Boot durch die Ostsee
- Heißluftballons
- selbst gebaute Motordrachen
- Lautsprecherbox
- Musiktruhe
- zahlreiche Fluchttunnel

6.6D Answers
personal response

6.7 *Die Wende in Leipzig* (∗)

6.7 Transcript

Bernd-Lutz Lange   Die größte Rolle bei der ganzen Geschichte spielte eben diese Nikolaikirche als Sammelpunkt für die Menschen. Diese Menschen, die sich dort versammelt haben und angefangen haben, waren eigentlich die wichtigsten. Man sagt, dass zwei Mädchen die ersten waren, die ein Transparent entrollten, als sie aus dem Friedensgebet gekommen sind und auf die Stasi- und Polizeileute zugegangen sind. Keiner weiß die Namen von den zwei Mädels, aber die hatten eigentlich damals den meisten Mut.

Maria Schöntal   Wir gehörten auch als Familie zu denen, die ihre kleine Zweieinhalbzimmerwohnung während der Messezeit dann noch für die ausländischen Gäste vermietet haben, und wir waren ganz glücklich, wenn wir bei solchen Gelegenheiten nicht nur unser Portmonee ein bisschen aufgebessert haben, sondern auch mal Englisch reden konnten oder Französisch oder meinetwegen auch Russisch und man natürlich dadurch auch die Möglichkeit hatte, einfach durch die persönlichen Gespräche zu erfahren, wie die Menschen in anderen Gebieten leben, die wir ganz gewiss nie sehen würden.

Frau Leitner   Alles und jedes, was noch erübrigt werden konnte von dem bisschen, was die DDR noch hatte, ging nach Berlin. Es hatte sich auch schon ein Provinzzorn auf die Hauptstadt der DDR in der breiten Bevölkerung aufgebaut. Ich habe jedenfalls immer solche Stimmen gehört: Unsere letzten Handwerker, unser letztes Baumaterial, alles geht nach Berlin, da war doch die 750-Jahrfeier gerade noch gewesen und da wollte man konkurrieren mit Westberlin, und das ging eben auch sehr zu Lasten der Provinz, besonders von Sachsen. Das hat auch eine Rolle gespielt, unbedingt.

Gerd Schuster   Es war vielleicht ein Vorteil, dass zu dieser Zeit gerade die Messe und damit westliche Presse im Land war. Ich erinnere mich auch noch sehr gut, dass ich bei den Demonstrationen zu schätzen versucht habe, „wie viele waren denn nun da?" Und dann haben wir uns abends zu den Tagesthemen zusammengesetzt und haben gefiebert, wann kommt Leipzig, und dann hat es jedes Mal wieder diese Schätzungen um ein Vielfaches übertroffen, und das hat natürlich unheimlich motiviert. Und vielleicht war das ein Anlass, dass das nun gerade in Leipzig so gekommen ist.

6.7A Answers
1 c **2** d **3** b **4** b **5** a **6** c **7** a **8** d

6.7B Answers
See transcript.

6.7C Answers
1 Wurzel **2** bestimmten **3** Leuten
4 ungeheuer **5** Unzufriedene
6 Schneeballeffekt **7** Ansinnen
8 veranstalten **9** öffentlichen
10 unglaubliche **11** können **12** vorher

6.7D Answers
personal response

6.7E Answers
 1 laut wurden
 2 verhaftet wurden
 3 ist nicht mit Gewalt zu lösen
 4 das Zutrauen
 5 auf andere Weise
 6 die Kampfgruppenangehörigen
 7 diese schrecklichen Lautwellen
 8 schief gehen
 9 der Wettlauf
10 mit den Vertretern für Inneres
11 schließt euch an
12 es könnte noch umkippen
13 angewendet wird
14 geduldig herübergingen
15 dass die Vernunft siegt.

6.7F Answers
- Am schlimmsten wurde es, als er die „schrecklichen Lautwellen" draußen vor der Kirche hörte. Angst hatte er auch, (a) als das Friedensgebet vorbei war, und die Menschen aus der Kirche hinausgehen wollten, und (b) als die Menschen auf die Polizisten und Soldaten zugingen.
- Zutrauen und Hoffnung spürte er eigentlich die ganze Zeit, mal mehr, mal weniger! Er freute sich, als die Menschen, die schon auf der Straße standen, für diejenigen Platz machten, die nach dem Friedensgebet aus der Kirche kamen. Er war auch zuversichtlich, als er sah, wie die 70 000 Demonstranten auf völlig gewaltlose Weise versuchten, die Angehörigen der Sicherheitskräfte zu ihrer Anschauung zu bekehren.

6.7G Suggested answer
Wenn man auf Gewalt zurückgreift, gibt es am Ende nur die totale Konfrontation zwischen dem Volk und den Sicherheitskräften. Also muss man andere Lösungen suchen.

6.7 Praxis Answers
1 • Dieses Zutrauen war aber sehr gering geworden, …
  • … da hatte ich gedacht, …
  • Dann war der Moment gekommen, …
  • Ich hatte ja vorher in Gesprächen mit Polizeioffizieren und den Vertretern des Inneren immer wieder gesagt: …
2 A) Christian Führer hatte vorher mit Polizeioffizieren gesprochen.
  B) 2 400 Menschen waren zum Friedensgebet in die Nikolaikirche gekommen.
  C) Der Pfarrer hatte die Hoffnung auf Gewaltlosigkeit gehabt.
  D) Kampfgruppenangehörige und Polizisten hatten die Demonstration auflösen sollen.
  E) Die Teilnehmer am Friedensgebet hatten schreckliche Lautwellen hören können.
  F) Demonstranten waren von der Polizei verhaftet worden.

6.8 *Vorher und nachher* (✓)
6.8 Transcript
Interviewer   Ines Walther, 29, ist mit ihrem Mann in Neukirchen geblieben und hat es nie bereut.
Ines   Als die Mauer fiel, habe ich gar nicht daran gedacht, was sich alles verändern wird. Dafür war ich viel zu überrascht. Zur Wendezeit ist eine enge Freundin in den Westen gegangen. Sie hat sich erst Jahre später wieder gemeldet, was mich sehr enttäuscht hat. Für mich war immer klar, dass ich nie wegmöchte, denn ich habe hier einen großen Freundeskreis. Diesen Zusammenhalt würde ich vielleicht nirgendwo so wieder finden. Neukirchen ist eigentlich ziemlich schnell schöner geworden, die Straßen, die Häuser, da ist einiges passiert. Zur Arbeit fahre ich nach Leipzig, dort bin ich Analystin bei der Deutschen Bank, die damals die Staatsbank der DDR übernommen hat, bei der ich gelernt hatte. Dadurch hat es viele Veränderungen gegeben, die für mich positiv waren. Endlich konnte ich eigene Gedanken und Ideen einbringen und hatte mehr Kompetenzen. Auch wenn es anfangs eine Umstellung war, selbständige Entscheidungen zu treffen, gab es für mich nie einen Grund, mich nach der alten Zeit zurückzusehnen.

6.8A Answers
1 F 2 R 3 N 4 R 5 F 6 F 7 R 8 R

6.8B Answers
1 25 Jahre
2 Jüngere wurden zuerst arbeitslos, aber fanden wieder Arbeit; Ältere (wie auch Rosie) wurden 1993 entlassen und fanden keine neue Arbeit.
3 Produkte konnten auch im Westen hergestellt werden.
4 geschlossene Grenzen; Manipulierung der Zahlen im Betrieb
5 Kinder; Sie können reisen.
6 Zu der Zeit durften nur Mädchen als Bäckerlehrling eingestellt werden.
7 Marzipan und Rosinen waren nur zu Weihnachten erhältlich.
8 im Allgemeinen finanziell besseres Leben; Leute waren nicht neidisch.

6.8C Answers
1 als die Mauer fiel
2 zur Wendezeit
3 die damals die Staatsbank der DDR übernommen hat
4 gab es für mich nie einen Grund, mich nach der alten Zeit zurückzusehnen
5 Knapp waren Edelrohstoffe.
6 könnte ich die Zeit zurückdrehen
7 sind woanders untergekommen
8 Ich hätte mir nie vorstellen können, nicht mehr gebraucht zu werden.
9 ein paar Westler
10 zu DDR-Zeiten

6.8D Answers
personal response

6.8 Praxis Answers
2 **a** Als **b** Wenn **c** Wenn **d** Als **e** Als **f** als **g** Wenn

6.9 *Der Reichstag*
6.9A Answers
1 Kuppel 2 Architekt 3 Ruine
4 Protzarchitektur 5 schwere Üppigkeit
6 fade Sachlichkeit 7 Zwischengeschosse
8 Denkmalpfleger 9 Geschosshöhe
10 verkleidete Wände 11 Gänge 12 Bauherr
13 Glasdach 14 flacher Glasaufbau
15 schwülstige Details 16 Umbau

6.9B Answers

1 1894: Paul Wallots Reichstag vollendet
1933: Reichstag zum Teil ausgebrannt
1945: Reichstag umkämpft und zerschossen
1954: der Reste seiner demolierten Kuppel beraubt
in den 60ern: Paul Baumgarten baute die Ruine um
in den 90ern: umgebaut von Sir Norman Foster

2 Er wollte die schwere Üppigkeit Wallots brechen, ließ Zwischengeschosse einziehen, Wände verkleiden und drehte den Plenarsaal um 180 Grad.

3 Er wollte alle Spuren seines Vorgängers beseitigen. Er entkernte das gesamte Gebäude und stellte die alten Geschosshöhen Wallots wieder her.

4 Weil Beige, Grau, Stein und Metall herrschen und die Gänge sehr lang sind.

5 ein 50 Meter hohes Glasdach über den Reichstag spannen

6 eine Glaskuppel

7 Die Kuppel setzt einen Kontrapunkt gegen die steinerne Wucht und die schwülstigen Details des Gebäudes.

8 den Reichstag zu einem lebenden Museum deutscher Geschichte zu machen

6.9C, D Answers
personal response

6.10 *Hauptstadtfrage*

6.10 Transcript

Claudia Deutschland hat ja eine lange und problematische Geschichte mit dem Konzept Hauptstadt. Erst war Frankfurt als Hauptstadt im Gespräch, dann war Berlin lange Hauptstadt, dann wurde plötzlich Bonn Hauptstadt, jetzt ist es wieder Berlin. Wie denkt ihr über Hauptstadt?

Felix Ich denke, dass nach der Wiedervereinigung, ähm, es hätte ... es überhaupt keine Diskussion hätte geben sollen, über den Hauptstadtstandort. Denn in unserem Grundgesetz stand ganz eindeutig, dass die Hauptstadt Berlin ist und sein muss.

Winfried Also, zunächst halte ich mal jede Diskussion für sinnvoll, wenn verschiedene Meinungen aufeinander treffen, genauso in der Hauptstadtfrage. Insgesamt bin ich der Meinung, dass die Wahl auf Berlin gefallen ist, ist eine richtige Wahl, vor allem hinsichtlich der Möglichkeiten und der Einflussnahme, dadurch die beiden deutschen Teile zusammenzuführen. Berlin war die ehemalige Hauptstadt der DDR und war, ist immer noch eine Metropole im Westen gewesen. Insofern ist es sinnvoll, die Hauptstadt nach Berlin zu verlegen. Trotzdem, was mich etwas stört, an Hauptstadt Berlin, ist selbstverständlich, dass, ähm, mit diesem Umzug von Bonn nach Berlin erhebliche Kosten verbunden waren und auch immer noch verbunden sind. Wenn man nur an die ganzen Reisemöglichkeiten denkt, die Abgeordnete, Ministerien, die ganze Ministerialbürokratie mit sich bringt, dann sind das ... ist das eine wirklich große Summe an Geld, die sinnvoller verbraucht werden hätte können. Nach wie vor halt' ich jedoch die Hauptstadt für Berlin als sinnvoll.

Claudia Aber vielleicht war es auch als politische Aussage gefährlich, Berlin wieder zur Hauptstadt zu machen, weil das wiederum an die Geschichte Deutschlands vor 1945 ... anknüpft und wäre die Hauptstadt entweder in Bonn geblieben oder woanders hin verlagert worden, hätte es auch wiederum eine neue Identität Deutschlands widergespiegelt. Und Berlin war die Hauptstadt eines wesentlich größeren Deutschlands und war zentral in einem wesentlich größeren Deutschland und jetzt ist es im Grunde genommen am Rand.

Felix Aber auf der anderen Seite ist es doch sehr wichtig, wie schon gesagt wurde, dass halt die Wiedervereinigung ein schwieriger und langwieriger Prozess ist und gerade deshalb fand ich es sehr wichtig, dass auch von der Politik das Signal kam, die Hauptstadt in den Osten des Landes zu verlegen, um halt einmal ein Signal zu geben ... an die Leute ... und auch noch darüber hinaus ist es natürlich ein großer wirtschaftlicher Magnet ... eine Hauptstadt. Insofern hilft die Hauptstadt Berlin der ganzen Region um Berlin herum und damit den ehemaligen Ostländern.

Kathrin Also ich hab' das ... die Ansicht, dass Berlin als Hauptstadt unter anderem den Vorteil hat, dass man sich, dass man hoffen könnte, dass die Politiker von Berlin aus, ähm, auch mal Ausflüge in das Land ringsum machen, also ein bisschen mehr sehen von dem Land, was sie regieren, wie früher in den Märchen, wenn der König manchmal doch sich unters Volks gemischt, gemischt hat und gesehen hat, was im Land wirklich passiert. Also, das ist ein Vorteil und, wenn man von Berlin spricht, sollte man nicht immer nur die Zeit des 3. Reiches im Blickpunkt haben, sondern zum Beispiel die 20er Jahre, wo Berlin eine Weltstadt war, wo, wo Kabarett in Berlin sehr groß war und wo es sehr viele Dinge gibt, ähm, die toll an Berlin waren. Also, nicht immer nur diese Phase des 3. Reiches und wie, ähm, Felix schon sagte, Berlin war 40 Jahre lang auch Hauptstadt der DDR, das war nicht nur diese Zeit im 3. Reich Hauptstadt.

6.10A Answers
1 Es steht im Grundgesetz.
2 Hauptstadt der DDR, Metropole in der BRD
3 hohe Umzugskosten
4 eng mit Drittem Reich verbunden; liegt jetzt am Rande Deutschlands
5 hilft Einigungsprozess, weil es den Leuten im Osten ein positives Signal sendet; wirtschaftlicher Anziehungspunkt und damit Hilfe für ostdeutsche Wirtschaft
6 Politiker sehen das Land (ehemalige DDR)
7 das Dritte Reich
8 die Goldenen Zwanziger

6.10B Answers
1 Grundgesetz
2 eindeutig
3 sinnvoll
4 wenn verschiedene Meinungen aufeinander treffen
5 hinsichtlich der Möglichkeiten
6 die Hauptstadt nach Berlin zu verlegen
7 erhebliche Kosten
8 Abgeordnete
9 politische Aussage
10 ein schwieriger und langwieriger Prozess
11 ein großer wirtschaftlicher Magnet
12 im Blickpunkt haben

6.10C Answers
personal response

6.11 *Deutsche Identität* (✓)

6.11 Transcript
Claudia   Die Deutschen haben oft ein etwas gespaltenes Verhältnis zu ihrer nationalen Identität. Wie seht ihr das?

Winfried   Stimmt vollkommen. Die deutsche Identität ist wirklich eine recht heikle Frage. Zu Recht, aus geschichtlichen Gründen. Ähm, wenn ich vergleiche, zwischen England und zwischen Deutschland, dann werden in Deutschland generell viel moderatere Töne angeschlagen, was die … das nationale Gefühl, oder derartige Fragestellungen angeht, vergleiche ich es zum Beispiel mit den Vereinigten Staaten von Amerika oder auch mit England. Aus guten Gründen, wie gesagt. Es gibt aber in Deutschland wohl eine Identität, die sich mehr auf Regionen bezieht. Das heißt, die … speziell zum Beispiel die Bayern oder auch die Leute aus Baden Württemberg oder wohl auch die Leute aus Sachsen haben eine Identität zu ihren jeweiligen Ländern.

Kathrin   Ja, also ich würde auch eher sagen, ähm, dass ich gut damit zurechtkomme, in Sachsen geboren zu sein, aber nicht stolz darauf bin, aus Deutschland zu kommen.

Wenn ich mich mit Menschen aus anderen Ländern vergleiche, was weiß ich, Italienern oder Franzosen, die eben wirklich stolz darauf sind, aus welchem Land sie kommen und, und ähm, die ganze Zeit die Kultur und die Lebenseinstellung, ähm, sozusagen im … in ihrem Blick haben und das eben sehr mögen und eben wunderbar finden, finde ich nicht viel, wo ich sagen könnte, also das ist … ich bin … ich finde das so toll, dass ich in Deutschland geboren bin, weil wir haben das und das da. Also, da fällt mir nicht viel ein. Also, ich würde … ich finde immer eher bei anderen Ländern Dinge, die mich faszinieren als bei meinem eigenen.

Felix   Also, ich finde, wir Deutschen sollten da nicht so negativ sein, wie du das jetzt erzählst. Aber auf der anderen Seite, durch unsere Geschichte müssen wir natürlich immer ganz besonders versuchen, eine feine Mischung da zu finden. Also, ich finde es nicht in Ordnung, dass es Leuten im Prinzip fast peinlich ist, deutsch zu sein. Das find' ich also nicht in Ordnung. Auf der anderen Seite sollte man halt durch die Geschichte auch nicht hergehen und sagen, Deutschland ist das Tollste. Insofern, ich finde immer, da sollte man eine tolle … eine gute Mischung finden, aber sich in keines der beiden Extreme zu sehr vertiefen.

6.11A Answers
Winfried
heikle Frage aus historischen Gründen
bescheidenere Einstellung zur eigenen Nationalität als Amerikaner oder Engländer
Identität bezieht sich eher auf Regionen/Bundesländer

Kathrin
identifiziert sich mit Sachsen mehr als mit Deutschland
ist nicht stolz darauf, Deutsche zu sein
ist von anderen Ländern mehr fasziniert

Felix
findet, man sollte positiver sein
es sollte nicht peinlich sein, Deutsche/r zu sein
man sollte Geschichte jedoch nicht vergessen

6.11B Answers
1 ein gespaltenes Verhältnis
2 eine heikle Frage
3 zu Recht
4 werden moderatere Töne angeschlagen
5 aus guten Gründen
6 die sich mehr auf die Regionen bezieht
7 dass ich gut damit zurechtkomme
8 die Lebenseinstellung
9 Dinge, die mich faszinieren
10 eine feine Mischung

6.11C Answers
1 aus geschichtlichen Gründen
2 USA, England
3 mit ihrem jeweiligen Bundesland
4 Sachsen
5 nicht stolz darauf
6 Italien, Frankreich
7 Kultur, Lebenseinstellung
8 Sie ist fasziniert.
9 wenn Deutschen ihre Nationalität peinlich ist
10 eine feine Mischung aus Stolz und Zurückhaltung

6.11D, Praxis Answers
personal response

6.12 Schülerwettbewerb (✓)

6.12A Answers
1 Wie viele Mädchen nahmen am Wettbewerb teil?
2 Wie sind sie an die Informationen gekommen?
3 Wie viele erste Preise wurden vergeben?
4 Was erforschten Susi und Brigitte?
5 Was fanden sie im Stadtarchiv?
6 Was mussten sie lernen, um die Briefe lesen zu können?
7 Was haben ihre Mitschüler während dieser Zeit gemacht?
8 Wann beginnen die Teilnehmer ihre Forschungen?
9 Was erschwerte die Bedingungen für Hoi-Ying Yiu und ihre Freundin?
10 Was ist der größte Moment für die Teilnehmer?

6.12B Answers
The Competition
Since its founding 25 years ago, more than 90,000 pupils have taken part in the competition which takes place every two years. Prizes worth more than half a million Marks are to be won, amongst them five first prizes at 3,000 Marks each. The deadline for submissions on the current topic, 'Rebelling, Acting, Changing. Protest in History' is 28 February. The brochure 'Looking for traces', which includes the conditions for participating, tips and ideas is available for three Marks in stamps from: Körberstiftung, Schülerwettbewerb, 21027 Hamburg, tel. 040/72 50 24 39. Information on the Internet: www.geschichtswettbewerb.de

6.12C Answers
personal response

Einheit 7 *Dossier: Betrachten wir die Dinge global*

7.1 *Das Internet – Kommunikation global* (✓)

7.1 Transcript
Alex   Inwiefern ist man heutzutage eigentlich dazu gezwungen, das Internet zu benutzen?

Kathrin   Also, ich würde sagen, gezwungen ist keiner dazu, weil, ähm, die Informationen, die es per Internet zu recherchieren gibt, die kann man auch in anderen, auf anderen Wegen erfragen oder, oder finden. Es geht nur alles viel schneller mit Internet. Also, wer jetzt professionell, ähm, mit Informationssuche zu tun hat, wie zum Beispiel Journalisten, für die kann es einfacher sein, das Internet zu nutzen, als hunderte Bände von alten Zeitungen zu wälzen. Das ist eine Anwendung. Eine andere Anwendung ist die elektronische Post, also E-Mail. Das ist auch wieder Privatsache, ob man das will, ob man lieber einen richtigen Brief erhält, auf den man dann aber mitunter ein, zwei Wochen warten muss, weil man da in der richtigen Stimmung sein muss, um einen Brief zu schreiben, oder, ob man lieber jeden Tag Post bekommt, aber eben formlos über Internet.

Alex   Und damit auch etwas unpersönlich, oder?

Kathrin   Muss nicht sein. Ich meine ... man sieht ... man hat nicht das schöne Briefpapier und man sieht nicht die Schrift des anderen, aber, also, es gibt durchaus Leute, die sehr persönliche Internet, ähm, sehr persönliche Informationen übers Internet austauschen.

Alex   Inwiefern ist da aber die Geheimhaltung gewährleistet, denn Sicherheit ist ja eigentlich ein großes Fragezeichen im Internet, oder?

Kathrin   Ja, die Geheimhaltung ist, glaube ich, sehr wichtig, ähm, darüber nachzudenken. Insbesondere, sollte man sich darüber bewusst sein, wenn man irgendwelche Details über, über seine Arbeitsstelle oder so weitergibt. Also, das sollte man wohl nicht übers Internet machen, wenn es irgendwas ist, was nicht an die Öffentlichkeit kommen soll, was betriebsintern ist.

Alex   Und wozu nutzt ihr nun so das Internet für private Zwecke? Nutzt ihr es überhaupt und wenn ja, wozu?

Kathrin   Also ich nutze es sehr intensiv für E-Mail, weil ich jetzt im Moment in England lebe und, aber viele Freunde natürlich in Deutschland hab' oder viele Freunde von mir aus Deutschland jetzt auch in anderen Ländern leben, also, wie zum Beispiel Israel. Und es ist einfach eine sehr schöne Möglichkeit, sich aktuell, über, über bestimmte Dinge auszutauschen, wenn man nicht telefonieren kann, weil Internet ist ja billiger, ähm, das über E-Mail zu machen, also das ist mein … meine private Nutzung. Und dann nutze ich es auch privat teilweise, um Veranstaltungstermine herauszufinden oder auch Sachen zu buchen über Internet, dazu muss man allerdings sagen, man benötigt eine Kreditkarte und dann ist wieder die Frage der Geheimhaltung oder wie leicht jemand die Kreditkartennummer dann selber nutzen kann und Überweisungen übers Internet machen kann, also wie sicher das ist.

Claudia   Die Frage der Internetsicherheit ist wesentlich mehr, was im eigenen Computer gespeichert wird und ob dieser Computer zugänglich ist, als was im Internet bei der Datenübertragung weitergegeben wird. Zum Beispiel hast du meistens Kopien von den losgeschickten E-Mail-Messages auf deinem eigenen Computer und das ist oft nicht durch Passwörter geschützt, so dass das dann beruflich abgesch…, gelesen werden kann, nicht dass es irgendwo in irgendwelchen Servern erwischt wird und von dort gelesen werden würde.

Kathrin   Also, dass jemand bei dir, in deiner Arbeitsstelle in deinen Computer geht und deinen …

Claudia   … ja, sicher.

Kathrin   Ja, hab' ich noch nicht drüber nachgedacht, aber das ist wahrscheinlich die einzige Möglichkeit, wo das realistisch ist, dass es passieren kann.

Winfried   Und wie schaut jetzt die professionelle Nutzung des Internets aus?

Alex   Also, ich persönlich arbeite als Lehrerin und die Nutzungsmöglichkeiten sind also schon sehr groß. Ähm, wir benutzen … erstens mal benutzen die Schüler und Studenten natürlich Computer, um, um ihre Texte zu schreiben, ihre Aufsätze zu schreiben usw. Aber die Nutzung ist ja nun doch schon relativ alt. Ähm, aber das Internet wird immer mehr genutzt und besonders, wenn man Fremdsprachen lernt oder unterrichtet, bietet das Internet ungehe … ungeheure Möglichkeiten, authentisches Material sofort erhältlich zu haben. Also, man

bekommt sofort die Nachrichten aus dem fremdsprachigen Land, man kann Medien, wie Zeitungen, Zeitschriften, Fernsehsender usw. anschalten. Man … also alle, eigentlich alle möglichen Informationen, die man braucht und halt auch aktuelle Informationen sind erhältlich, die, die Schüler auch selbst nutzen können, für Forschungen, für ihre Hausarbeiten usw. und sofort – also ein einziges Medium statt in einer Bibliothek zu durchwühlen.

Winfried   Gibt es auch viele Gefahren, die die Internetnutzung für Schüler mit sich bringt, oder ist das immer nur eine gute Sache?

Alex   Ja, sicherlich gibt es natürlich auch negative Begleiterscheinungen, denn es gibt ja viele, viele Internetseiten, die Schüler nun nicht unbedingt benutzen sollten. Dazu gibt es dann natürlich bestimmte Richtlinien in Schulen und Colleges und Universitäten, dass bestimmte Seiten nicht angeklickt werden dürfen, wie zum Beispiel ähm, rassistische Seiten oder pornografische Seiten … wird natürlich immer wieder versucht, aber ich glaube, da müssen Schulen dann auch hart durchgreifen.

Kathrin   Ich hab' sogar die Erfahrung gemacht in einem College, dass das gespeichert werden kann, dass bestimmte Seiten nicht geöffnet werden können, in denen … weil eben bestimmte Schlagworte sozusagen als Thema angegeben werden und dann geht das gar nicht, dass man das öffnet, also man kann da schon auch vorbeugen.

Alex   Hm, es gibt natürlich diese Sicherheitssysteme. Allerdings werden so viele neue Webseiten täglich eingerichtet, dass diese Vorrichtungen sehr leicht umgänglich sind, allerdings bei uns zum Beispiel in unserer Einrichtung kann man, können die, kann das Computernetzwerk speichern, welche Seiten die Studenten angesehen haben und man kann also im Nachhinein beweisen, dass der Schüler falsche Seiten, dem … falsche Seiten angesehen hat.

7.1A, B Answers
personal response

7.1 Praxis Answers
1 weitergeben **2** schicke, los **3** angeklickt
4 auszutauschen **5** anschaltet

7.2 *Die Gentechnik: eine Gleichung mit vielen Unbekannten?* (✓)

7.2A Answers
1 gentechnisch veränderte Lebensmittel
2 ein Spiel mit dem Feuer
3 theoretisch ist es durchaus möglich
4 wie sich Verfahren auf unsere Ernährung auswirken
5 eine umfassende Kennzeichnung
6 in Berührung kommen
7 eine gründliche Begleitforschung
8 die Messlatte so hoch wie möglich anlegen
9 Wie sollen wir damit umgehen?
10 können ausgelöst werden

7.2B, C Answers
personal response

7.3 *Aids, die Geißel unserer Zeit* (✓)

7.3 Transcript
Kathrin   Also ich hab' beobachtet, dass es zunimmt, dass man Aids wieder auf die leichte Schulter nimmt, würde ich sagen, bei vielen, dass sie nicht mehr so vorsichtig sind, wie sie's sein sollten. Weil man denkt, ja, das haben zwar manche, aber ich selber krieg's eben doch nicht. Also ich denke, man sollte trotz ... man sollte sich wieder bewusster werden, dass das immer noch eine Gefahr ist und dass immer mehr Leute es bekommen. Und die andere Frage ist die Forschung. Ich denke, es sind noch nicht genug Gelder da, für die Aidsforschung und der Grund dafür mag wohl sein, dass die Betroffenen nicht prominent sind und vielleicht auch nicht – dass jetzt kein leuchtendes Beispiel aus Politik oder Showbiz an Aids erkrankt ist. Wie man zum Beispiel gesehen hat, in Amerika bei der parkinsonschen Krankheit, weil eben Reagan es hat und weil eben Michael J. Fox es hat, kommt es dazu, dass die Forschung plötzlich mehr Gelder kriegt, dass mehr für die Forschung geworben wird und dass, dass, die Forschung vorangetrieben wird. Das ist bei Aids leider noch nicht passiert, oder es fehlt einfach der Antrieb, da wirklich viel mehr Geld reinzustecken, um eben ein Gegenmittel zu entwickeln. Aber das ... das Gegenmittel, was es vielleicht irgendwann mal geben wird, sollte nicht der Grund sein, eben nicht im Vorhinein vorsichtig zu sein.

Felix   Ja, genau, ich denke, man sollte vor allen Dingen auch das Geld in die – in das Lehren investieren, also dass man die Kinder unterrichtet, gerade wie man halt Aids bekommt und was man dagegen tun kann und insofern also sich auch auf die Prävention zu konzentrieren und nicht unbedingt auf nur die Behandlung der Ursache...

7.3A Answers
• Warum Aids zunimmt: Man nimmt Aids wieder auf die leichte Schulter/Die Leute sollten vorsichtig sein/Sie denken, sie werden es selber nicht kriegen/[3 Punkte]
• Die Aids-Forschung: Es ist noch nicht genug Geld da,/weil die Betroffenen nicht prominent sind./Es fehlt der Antrieb,/um ein Gegenmittel zu entwickeln./Wenn man dieses Gegenmittel hat,/muss man noch immer vorsichtig sein./[5/6 Punkte]
• Die Prominenten: Kein leuchtendes Beispiel aus Politik/oder Showbiz ist an Aids erkrankt./Aber Reagan und Michael J. Fox haben/die parkinsonsche Krankheit./Dann kriegt die Forschung plötzlich mehr Geld./[4/5 Punkte]
• Das Lehren: Man sollte das Geld in das Lehren investieren./Man sollte die Kinder unterrichten,/wie man Aids bekommt./Man sollte sich auf die Prävention konzentrieren./[4 Punkte]

[16 Punkte]

7.3B Answers
1 die Spende, die Glaxo Wellcome an zwei Organisationen übergibt, die Aids bekämpfen
2 die Anzahl von Menschen, die weltweit mit HIV infiziert sind
3 die Summe, die jedes Projekt von Glaxo Wellcome erhält
4 die Einwohnerzahl in Uganda
5 die Anzahl von HIV-Infizierten in Uganda
6 die Anzahl von Aids-Waisen in Malawi
7 die geschätzte weltweite Anzahl von Aids-Waisen bis zum Ende des nächsten Jahres

7.3C Suggested answer
Glaxo Wellcome hat Spenden in Höhe von je 30 000 DM an zwei Organisationen übergeben, die Aids-Projekte in Afrika betreuen. Der Arzneimittel-Hersteller hat den Entschluss gefasst, die Betroffenen in diesen Ländern stärker zu unterstützen, weil Gesundheitsstrukturen dort meist nicht vorhanden sind und Regierungen sich auf Selbsthilfeorganisationen verlassen.

7.3 Praxis Answers
1 a wäre b wären c wäre d wären
  e hätten gestanden
2 a Der Vorsitzende erwähnte, dass Glaxo Wellcome 60 000 DM gespendet hätte.
  b Rose Atebuni sagte, sie wäre aus ihrer Heimat angereist.
  c In manchen Regionen würden ganze Familien ausgerottet.
  d Der Forscher meint, es werde bald 13 Millionen Aids-Waisen geben.
  e Die Hilfsorganisation *Ärzte ohne Grenzen* habe angekündigt ...

7.4 *Hepatitis: der heimliche Rekordhalter*

7.4A Answers
1 die Leber
2 sechs
3 Länder in Südamerika, Afrika und Südasien
4 Müdigkeit, Fieber, Übelkeit und (bei jedem Dritten) gelbliche Augen und Haut
5 per Blut und Sperma

7.4B, C Answers
personal response

7.5 *Wie ist es, Flüchtling zu sein?* (✳)

7.5A, B Answers
personal response

7.6 *Step by step* (✓)

7.6A Answers
1 Weil sie als Studenten wenig Geld zur Verfügung hatten.
2 Sie würden wohl kaum erfahren, was genau mit ihrem Geld passierte.
3 Um selber ganz konkrete Hilfe zu leisten.
4 Sie war gerade ausreichend, um einen Verein zu gründen.

7.6B Answers
1 die Höchstsumme, die jeder Student spenden konnte
2 die Anzahl von Mitgliedern von Step by Step
3 die monatliche Summe, die der Gruppe zur Verfügung steht
4 der monatliche Beitrag von jedem Mitglied
5 das Geld, das in administrative Kosten geht
6 das Geld, das direkt ins Monatsprojekt geht

7.6C Transcript
Interviewer Was sind das für Projekte?
Step by Step-Mitglied Unterschiedlich. Wir haben einer Libanesin Deutschkurse bezahlt, ein Wohnprojekt für Straßenkinder in Brasilien unterstützt, einem Mädchenhaus therapeutisches Spielzeug gekauft.
Interviewer Und wer entscheidet, was gefördert wird?
Step by Step-Mitglied Das wird auf der monatlichen Sitzung beschlossen. Grundsätzlich machen wir nur etwas, wenn wir eine Kontaktperson persönlich kennen und auch wirklich hundertprozentig sicher sind, dass unser Geld auch ankommt.

7.6C Answers
personal response

7.6 **Sprechtipps** Transcript
Libanesin
bezahlt
Brasilien
unterstützt
therapeutisches
Spielzeug
Sitzung
beschlossen
grundsätzlich
hundertprozentig

7.6 **Praxis** Answers
1 einen, neuen 2 alle, viel, zur 3 deinem
4 mir, die 5 ein 6 im 7 ins

7.7 *SOS-Kinderdorf* (✓)

7.7A Answers
1 Es ist wie ein Klub für glückliche Kinder.
2 Sehr hart, da er jeden Schilling von allerlei reichen Leuten und vor allem von den vielen kleinen Leuten erbettelt hat.
3 Sie war durchaus nicht kompliziert. Er wollte „aus dem Nest gefallenen Kindern" ein langfristiges Zuhause geben.
4 Bis es selbständig ist.
5 In der jeweiligen Landesreligion, weil religiöser Halt Kindern aus kaputten Familien entscheidend helfen kann.
6 Man investiert gut hier, weil SOS-Kinderdörfer die Mühe wert sind. Sie tun sehr viel für die Kinder.

7.7B Suggested answer
Allow one point for the information between each pair of forward slashes and accept any reasonable formulations.

/They cannot know/that the boy chasing/so nimbly/after the ball/was placed in the village/by the youth welfare department,/ because his birth mother/had scorched/her idea of love/into his back/with an iron./Or that two years ago,/the boy in goal/had struggled/with his father for his life,/because the latter was trying/to stick a needle/into him/to make him/ just as dependent/on heroin/as he himself was./

They see children having a race/on skates/ and do not know that, half-starved,/the three brothers and sisters/used to rummage around/in rubbish,/looking for/scraps of food,/because their parents were out/on a booze-up./

[32 points + 8 for quality of language = 40 points]

A level Assessment unit

We have included this unit for:

- the use of teachers who may wish to set a 'mock' A level exam along the lines of the material they and their students have been working on during the course;
- the use of students who are preparing for the A2 papers and wish to practise some 'unseen' tasks.

To allow all students to attempt some questions that are modelled on those set by their own examining consortium, the unit includes a range of question types, matched to the various requirements as shown in the table on the right. However, students may benefit from practising any or all of the tasks, since they cover ground that is common to all the boards, even if skills are tested slightly differently.

Task	A level specification match
L1	OCR/AQA/Edexcel
L2	OCR/AQA/Edexcel
L3	Edexcel
S1	Edexcel
R1	OCR/AQA/Edexcel
R2	OCR/AQA/Edexcel
S2	OCR/Edexcel
R3	AQA/Edexcel
R4	OCR/AQA/Edexcel
R5	OCR/AQA/Edexcel
R6	OCR
RS1	OCR
R7	OCR/AQA/Edexcel
R8	OCR/AQA/Edexcel
W1	OCR
W2	OCR
W3	OCR
W4	AQA
S3	AQA

L1

Cornelia Faller wurde aus Spielsucht Bankräuberin. Hören Sie den Auszug aus ihrem Verhör vor Gericht an und beantworten Sie die Fragen.

1 Wie begann Cornelias Spielsucht? [3]

....

....

2 Wie hat sie sie finanziert? Nennen Sie fünf Methoden. [5]

....

....

3 Warum konnte sie nicht aufhören? [2]

....

....

4 Was passierte in einer Silvesternacht? [4]

....

....

5 Welche psychischen Auswirkungen hatte die Spielsucht auf Cornelia? [2]

....

....

6 Warum entschieden sich Cornelia und ihr Partner, eine Bank zu überfallen? [1]

....

....

L2

Hören Sie sich Cornelias Geschichte noch einmal an und füllen Sie mit Hilfe der Wörter im Kästchen die Lücken in der Zusammenfassung aus. Vorsicht! Es gibt mehr Wörter als Lücken.

Cornelias Spielsucht begann ganz **1** .... Aus **2** .... fuhr sie mit Konstantin zu Spielkasinos in der Umgebung. Ihre **3** .... wurden immer höher und sie verloren immer **4** .... Um ihre Spielsucht zu finanzieren, nahm sie **5** .... auf, borgte Geld von Freunden und Familie, die **6** .... ahnten, dass sie mit dem Geld ins Spielkasino fuhr. Trotz steigender **7** .... spielte sie weiter. Sie war **8** .... von der Atmosphäre. Die Aufregung des Spiels ließ sie alle Probleme **9** .... Doch die scheinbaren Glücksmomente hielten nicht an. Das Spiel wurde zum **10** .... und besetzte immer mehr ihren **11** .... Alltag. Sobald sie Geld hatte, **12** .... sie es. Ihr Leben war von der Frage beherrscht, wie sie an Geld **13** .... könnte. Sie litt an **14** .... und ging nicht mehr zur Arbeit. Als sie keinen anderen **15** .... mehr wusste, willigte sie ein, eine Bank zu **16** ....

> Ausweg Depressionen Eifersucht Einsätze fasziniert gefährlich gesamten harmlos immer kommen Kredite Neugier nicht öfter Schulden sparte überfallen vergessen verspielte Zwang

L3

Hören Sie das Gespräch mit Cornelia Faller an. Schreiben Sie eine Zusammenfassung ihrer Geschichte auf Englisch (80–100 Wörter).

....

....

....

....

....

....

....

....

....

....

....

....

....

....

S1

Kann man Spielsucht mit Drogensucht vergleichen? Bereiten Sie einen Kurzvortrag (2–3 Minuten) zu diesem Thema vor, in dem Sie Ihre Meinung zu dieser Frage äußern.

R1

Lesen Sie den Text „Liebe geht durch das Netz" und finden Sie die Entsprechungen für folgende Wörter bzw. Ausdrücke.

1 Verhältnis ....

2 nicht funktioniert ....

3 ungezwungenes Gespräch ....

4 ein spannendes Erlebnis ....

5 klopfen ....

6 ein Bundesland ....

7 Aussehen ....

8 Handlungen ....

9 Eheversprechen ....

10 Vorherbestimmung im Leben ....

R2

Ergänzen Sie die folgenden Satzanfänge mit Informationen aus dem Text. Achten Sie dabei auf die Grammatik in Ihren Sätzen.

1 Petra meint, dass eine virtuelle Beziehung . . .

....

2 Seit acht Wochen . . .

....

3 Ihrer Meinung nach sind Gespräche . . .

....

4 Die Telefonrechnung von Sonja stieg, weil . . .

....

5 Beim Kennenlernen im Internet . . .

....

6 Beim ersten Treffen . . .

....

Multimedia

LIEBE GEHT DURCH DAS NETZ

Das Internet als Heiratsmarkt: Immer mehr finden in Chat-Cafés die große Liebe

Das Wort „virtuell" kommt aus dem Lateinischen und bedeutet „möglich". Dementsprechend ist also eine virtuelle Beziehung eine mögliche Beziehung. Dem kann Petra Kleindienst, 28, aus Berlin nur zustimmen: „Das ist wie im richtigen Leben. Möglich, dass es klappt oder dass es schiefgeht."

Die Steuerberaterin lernte ihren Traummann vor acht Wochen im Internet kennen. Mit Michael aus München tauscht sie morgens den ersten Kuss per e-mail aus, abends treffen sie sich zum zärtlichen Geplauder im Online-Chat. „Es ist mehr als ein aufregendes Abenteuer", sagt Petra. Sie schwärmt von den Gesprächen, die viel einfühlsamer und ehrlicher sind als bei einem Kennenlernen in einer Disco.

Immer mehr Leute erleben diese Gefühle zwischen Bildschirm und Tastatur. Wenn in Chats zarte Bande geknüpft werden, pochen die Herzen.

Auch Sonja Krause, 23, Mainz und Martin Speer, 29, aus dem Saarland haben sich auf diese Weise kennen gelernt. Jeden Abend trafen sich die beiden im Chat-Café. Bei steigender Telefonrechnung wurden die Gefühle füreinander immer intensiver. Sonja: „Das Kennenlernen im Internet ist irgendwie anders. Äußerlichkeiten sind weniger wichtig. Die Nähe ist geistig, nicht körperlich. Ich habe mir Martin durch seine Worte und Gesten verbildlicht." Gesten werden im Netz durch Symbole verschickt. ;-) ist z.B. ein Zwinkern und :-0 ein Ausruf.

Zu ihrem Geburtstag kam der erste Blumenstrauß von Martin. Zuerst virtuell per e-mail, kurz danach real durch einen Boten. Eine Woche später kam es zum ersten Treffen. Als Martin nach Mainz fuhr, klopfte sein Herz bis zum Hals, gesteht er heute. „Als sie mir die Tür öffnete, verliebte ich mich sofort ein zweites Mal in sie." Von da an trafen sie sich öfter, on- und off-line.

Bereits nach 8 Monaten haben Sonja und Martin geheiratet. Er stellte ihr den Antrag im Chat, aber das Jawort gaben sie sich ganz real vor dem Traualtar. Martin glaubt an das Schicksal, und das geht bekanntlich seine eigenen Wege.

Auch Petra aus Berlin will Michael in München jetzt endlich in die blauen Augen schauen, „off-line" ganz real. Am Wochenende wird sie sich in den Zug nach Süden setzen. Dann kann aus dem virtuellen Traum vielleicht echte Liebe werden. Möglich, dass es klappt oder dass es schiefgeht.

S2

Sonja Krause is talking to her English friend Lisa. It is your task to interpret. You are required to interpret consecutively: each interlocutor will pause after each statement to enable you to render what she has just said into the other speaker's language. You may ask a speaker to repeat her statement or to clarify it, but be sure to do so in the appropriate language.

R3

Lesen Sie den Artikel „Liebe geht durch das Netz" und übersetzen Sie die letzten zwei Absätze (von „Geheiratet haben Sonja und Martin") ins Englische.

....

....

....

....

....

....

....

....

....

....

....

....

....

....

R4

Lesen Sie den Artikel „FairPlay – Fußball gegen Rassismus" und ergänzen Sie die Lücken mit Wörtern aus dem Kästchen. Sie brauchen nicht alle Wörter.

> allgegenwärtig amerikanische bekämpfen bestehenden europäische
> gegründet Herbst hohen Politiker professionelle rassistische
> Schwerpunkt Spieler Trainer versucht

R5

Finden Sie im Artikel die deutsche Entsprechung für:

1 prolonged demonstrations

....

2 racism is and has been ever present

....

3 along with the continuation (of the existing programme)

....

4 is to be extended

....

5 the focus is on carrying out

....

FairPlay – Fußball gegen Rassismus

„Rassismus steht in völligem Widerspruch zur einigenden Kraft des Sports. Wir müssen daher alles daransetzen, Kampagnen wie Österreichs ‚FairPlay. Viele Farben. Ein Spiel' zu unterstützen" (Muhammad Ali).

Anfang Februar 2000 verurteilte der italienische Fußballverband die zwei römischen Meisterschaftsfavoriten AS Roma und Lazio Rom zu **1** .... Geldstrafen. Grund dafür waren anhaltende nazistische und **2** .... Kundgebungen ihrer Fans im Olympiastadion.

Rassismus ist im Fußball nach wie vor **3** .... Das österreichische Sportprojekt „FairPlay. Viele Farben. Ein Spiel" **4** .... deshalb die Popularität und Multikulturalität des Fußballs zu nutzen, um Rassismus und Diskriminierung zu **5** .... FairPlay geht bereits in sein drittes Projektjahr und plant neben der Weiterführung der **6** .... Projekte auch neue Maßnahmen.

Im Hinblick auf die Europameisterschaft 2000 in Holland und Belgien wurde in Herbst 1999 das **7** .... Netzwerk „FARE – Football Against Racism in Europe" **8** .... Dieses Netzwerk soll weiter ausgebaut, neue Mitglieder und internationale **9** .... als FARE-Botschafter gewonnen werden. Mit den Partnerprojekten wird auf eine **10** .... Präsentation im Brüsseler EU-Parlament hingearbeitet.

In Österreich liegt der **11** .... der Kampagnenarbeit auf der Durchführung von Stadion-Aktionstagen mit Bundesligaklubs im Sommer und **12** .... 2000. Weiters werden Sensibilisierungskurse für Schiedsrichter und **13** .... im Nachwuchsbereich abgehalten.

FairPlay-Servicestelle im vidc

- Beratung und Assistenz für Schulen, Vereine, Fanclubs, NGOs und Jugendzentren

- **Tel.** (01) 713 35 94-93 oder 88
  Fax (01) 713 35 94-73

- **E-Mail:** fairplay.vidc@magnet.at

- **Homepage:** http://www.oneworld.at/fairplay

R6

Read the article 'FairPlay – Fußball gegen Rassismus' and answer the following questions in English.

1 What happened to AS Roma and Lazio Rom?

....

....

2 What was the reason for these measures?

....

....

3 What is the aim of the new football movement 'FairPlay'?

....

....

4 When was this movement founded?

....

....

5 What did the founders of the European network have in mind?

....

....

6 How is this initiative to be publicised in Brussels?

....

....

RS1

Lesen Sie den Artikel „FairPlay – Fußball gegen Rassismus" und besprechen Sie diese Fragen.

• Was denken Sie über den Fall AS Roma und Lazio Rom?
• Warum sollte man Ihrer Meinung nach diese Initiative unterstützen?
• Inwiefern kann Fußball helfen, Rassismus und Diskriminierung zu bekämpfen?

R7

Lesen Sie den Text und bringen Sie die Fragen in die richtige Reihenfolge.

SCHOCKTHERAPIE für Alkoholsünder

In den USA werden Verkehrssünder mit Unfalltoten konfrontiert – ein drastisches Programm mit Erfolg

Nach einer Party wollte sie nur noch schnell die kurze Strecke nach Hause fahren. Doch da krachte es – Kate Nelson, 19-jährige Studentin aus Garden Grove, nimmt am „Youthful Drunk Driver Visitation"-Programm teil, das seit 1989 von der Staatsanwaltschaft in L.A. eingesetzt wird, um Promillesündern das Fürchten zu lehren.

1 Wie haben Sie sich vor Ihrem heutigen Aufenthalt im Leichenschauhaus gefühlt?

Ich wurde mit 1,3 Promille am Steuer erwischt, nachdem ich einen Unfall gebaut hatte. Glücklicherweise habe ich dabei niemanden verletzt. Ich hatte nur ein paar Kratzer. Die Polizei hat mich aber gleich festgenommen. Ich musste fast eine Woche in Untersuchungshaft bleiben. Das Gericht sagte, dass ich meine Fahrerlaubnis früher zurückbekommen würde, wenn ich an diesem Programm teilnähme.

2 Wie war die Erfahrung, diese vielen Leichen zu sehen?

Eine saftige Geldbuße: etwa 3 000 Dollar. Zehn Wochen lang musste ich Kurse bei den Anonymen Alkoholikern besuchen und für einen Tag in die Notaufnahme des Long Beach Hospitals gehen.

3 Finden Sie dieses drastische Programm wirklich notwendig?

Ehrlich gesagt, war ich ziemlich nervös. Ich wusste gar nicht genau, was mich erwartet. Man hört so viele schlimme Sachen …

4 Warum sind Sie hier?

Autopsien, ein Unfallvideo und all die Toten hier im Kühlhaus.

5 Also ein Schock mit Wirkungen?

Wirklich schrecklich. Ich habe hier zum ersten Mal Tote gesehen. Es hat ganz eklig gestunken, beinah unerträglich. Das Allerschlimmste aber waren die vielen Babys und Kinder in den Regalen. Wie viele Menschen sinnlos sterben. Furchtbar deprimierend. Mir ist erst jetzt richtig bewusst geworden, wie glücklich ich mich schätzen kann, dass bei meinem Unfall niemand verletzt oder ganz und gar getötet wurde. Mit so einer Schuld hätte ich nicht weiterleben können. Da hätte ich mich lieber umgebracht …

6 Haben Sie außerdem noch Strafen bekommen?

Ganz bestimmt. Ich werde ganz sicher nie wieder betrunken Auto fahren, wie wohl die anderen in dieser Gruppe auch. Da bezahle ich lieber das Geld für ein Taxi.

7 … und was haben Sie dann gesehen?

Auf jeden Fall, denn ich habe noch nicht von Rückfällen gehört. Am besten sollte man dieses Programm noch vor dem Führerschein machen, um zu sehen, was tatsächlich alles passieren kann.

R8

Erklären Sie die folgenden Wörter bzw. Ausdrücke aus dem Text mit Ihren eigenen Worten.

1 da krachte es   ....
2 Leichenschauhaus   ....
3 am Steuer erwischt   ....
4 einen Unfall gebaut   ....
5 Untersuchungshaft   ....
6 eine saftige Geldbuße   ....
7 Anonyme(n) Alkoholiker(n)   ....
8 Notaufnahme   ....
9 beinah unerträglich   ....
10 Rückfälle   ....

W1

Lesen Sie den Artikel „Berlin's Vibrant Ethnic Mix" und erklären Sie schriftlich folgende Punkte auf Deutsch.

- warum Berlin für Ausländer so attraktiv ist
- Gründe für die russische Immigration nach Berlin
- wie man sich an Hitler „gerächt" hat
- die Geschichte der türkischen Immigration
- die Probleme und Chancen der jüngeren Türken in Berlin

Vergleichen Sie das multikulturelle Leben in Berlin mit dem in einer anderen deutschen Stadt oder in einer Gemeinschaft in Ihrem eigenen Land. Ist Berlin in dieser Hinsicht erfolgreicher als andere Orte? Schreiben Sie 50 Wörter.

....
....
....
....
....
....
....
....

W2

Lesen Sie den Artikel „Foreigners residing in Germany live in fear" und erklären Sie folgende Punkte schriftlich auf Deutsch.

- warum Cabelo Maleca so viel Angst hat
- die Ziele von Kanzler Gerhard Schroeder
- warum es in Ostdeutschland mehr Verbrechen gegen Ausländer gibt
- die Meinung und Erfahrung von Augusto Munjunga
- warum die Angolaner nach Deutschland gekommen sind und warum sie enttäuscht waren

Glauben Sie, dass die Probleme, die in diesem Artikel beschrieben sind, nur in Deutschland existieren? Schreiben Sie 50 Wörter.

....
....
....
....
....
....
....
....

W3

Lesen Sie den Artikel „Austria's problem with foreigners" und erklären Sie folgende Punkte schriftlich auf Deutsch.

- Warum ist der Erfolg rechtsorientierter Politiker in Österreich überraschend?
- Warum haben manche Österreicher Angst vor der geplanten Erweiterung der EU?
- Was ist die Meinung von Peter Pulzer dazu?
- Wie weit verbreitet ist die Ausländerfeindlichkeit in Österreich und warum?
- Wie sieht laut der UN die Zukunft aus?

Warum unterstützen wohl so viele Leute Rechtspolitiker wie Jörg Haider?
Schreiben Sie 50 Wörter.

....
....
....
....
....
....
....
....

Berlin's Vibrant Ethnic Mix

NEW SPIRIT Berlin is home to a diverse and growing community of immigrants

VLADIMIR NABOKOV CHASED TENNIS BALLS AT A COURT ON LIETZENBURGER Strasse. Vladimir Horowitz gave his first piano recital here. Isadora Duncan found freedom to dance, while Christopher Isherwood came by train for a story. Of all German cities, Berlin has always been a magnet for immigrants. Since the fall of the Wall 10 years ago, the city has regained its status as a melting pot, but the ethnic stew has been heavily reseasoned.

One key appeal of Berlin is its location, only an hour away from the Polish border. Travelling by train or bus, Poles find that Berlin is nearby. Citizens of East European countries like Poland, Hungary and the Czech Republic can enter Germany for three months without a visa, but many stay longer to find employment. And many settle here. "Berliners are more tolerant of foreigners," says Barbara John, the Berlin city government's ombudsman for foreigners. "We also have a growing service industry, in which immigrants have a better chance of finding a job."

When the Wall fell, there were an estimated 60,000 Russian civilians living in East Germany, many of whom had married Germans and had no desire to return home. Before World War II, so many Russian émigrés fleeing the Revolution had settled in Charlottenburg that the Berlin neighborhood soon became known as Charlottengrad. Russians have returned in huge numbers to Charlottenburg, but this time it is likely that they have fled poverty or violence at home rather than Bolsheviks. "People worry about raising their kids among all the crime in today's Russia, so Berlin seems a safer environment," says Boris Feldmann, editor of the Russian language newspaper *Russkiy Berlin,* who estimates the city's Russian population at 300,000.

An added dimension of the Russian migration is that the German government actively encouraged Russian Jews to move to Berlin as part of the country's efforts to atone for the Holocaust. As a result, since the fall of the Wall, Berlin's observant Jewish community has grown from about 4,000 to around 25,000. "I like to think the sight of 60 kids walking through Potsdamer Platz with the words 'Jewish Day Camp' on their T shirts is the best revenge we'll ever get against Hitler," says Rabbi Yehuda Tiechtel, an American who works in Berlin.

The other great ethnic group represented in Berlin is the city's Turkish community, estimated at 138,000. The Turkish migration began in 1961 when the first 284 Turks arrived in answer to a labor shortage then afflicting West German industry. Coincidentally, in August 1961, the East Germans erected the Wall, threatening to "drain the swamp" of West Berlin of all of its manpower. Turkish workers happily arrived to fill the void, settling in Turkish neighborhoods like Kreuzberg. Paradoxically, the fall of the Wall brought an end to industrial subsidies for Berlin, and most of the factory jobs disappeared. The Turkish community now has an unemployment rate of 30%, double the average in Berlin. But a number of younger Turks have also prospered. Zeki Pekin, who arrived in Berlin as an 11-year-old boy, received a degree in economics and now owns his own construction company. "I have never regretted that my parents brought me to Germany," he says. "Now that the second generation is getting older, the ties with Turkey are not that close." Even more than before, immigrants like Pekin will play a crucial role in building Berlin's future.

Foreigners residing in Germany live in fear

As nation's leader takes a tour promoting tolerance, minorities tell of tauntings and worse.

EBERSWALDE, Germany – He stays out of discos, avoids commuter trains and has never been to a local soccer match.

"That would be suicide," said Cabelo Maleca, 31, an Angolan who moved to the former East Germany for work 13 years ago and now faces daily abuse because he is black.

These are troubling times in Germany. So far this year, three foreigners have died at the hands of neo-Nazis, and this summer has seen a highly publicized surge in hate crimes. Today, the trial of three skinheads accused of the murder of a Mozambican man opens in Dessau, a city about 75 miles southwest of Eberswalde that was once a center of German culture.

Yesterday, Chancellor Gerhard Schroeder began a two-week bus trip through eastern Germany to encourage citizens to stand up to intolerance.

"I want to make it clear that extreme-right ideas are not purely eastern German," he said at a meeting with local officials in Plauen, near the Czech border. "Without a civic response against right-wing extremism, we won't make it."

Last year's 746 violent xenophobic crimes represented a 5 percent increase over those in 1998, according to federal statistics. Intolerance runs deepest in the former East Germany, which has 20 percent of the country's population but more than half the antiforeigner crime.

Eberswalde has had more than its share of trouble. This was a center of industry in the former German Democratic Republic – with so much work that the government hired 104 Angolans to process beef and pork into the famous Eberswalder wursts. A year after the Berlin Wall fell and the country collapsed, unemployment jumped to 5 percent. Today, nearly 1 in 5 workers in eastern Germany is out of a job, and blame frequently is heaped on foreigners, though only 600 non-Germans live in the community of 45,000.

"Even 10 years after, there is still a lot of uneasiness in the East," Eberswalde Police Chief Uta Leichsenring said, "and when there is this unsettled time, they tend to blame someone weaker than they are for their inability to cope."

Eberswalde is infamous in Germany as the site of the first racially motivated killing after reunification. Amadeu Antonio, an Angolan, was beaten to death on the streets in December 1990 by 40 drunken youths, who cracked his skull and chest with baseball bats.

"Eberswalde is a small town, and an evil town," Augusto Munjunga said in a calm, assured voice. "The younger generation does not accept us at all. Living in Germany for us always means living with caution."

Munjunga, 35, a tall man in dreadlocks, is president of the African Culture Center, where he sat drinking mineral water with two countrymen. In March, two men in their mid-20s broke in after hours and burned down the old club, an incident the police have added to a swollen file of violence against foreigners in this shrinking industrial community 37 miles north of Berlin.

The problems here are not limited to disaffected young people. Recently, three men aged 32 to 43 choked two Turkish men who run a kebab stand. Police held the eldest. A few hours later, they arrested the others in a youth club, where they were shouting "Sieg Heil," the outlawed Nazi salute.

When Munjunga left Angola in August 1987, he expected to participate in a cultural exchange with another communist country. "They told us, 'You go to this fraternal country and you learn a lot.' But when we came here, we didn't learn anything. It was hard work."

At least there was work. Ten months after the Wall fell, the foreign contract workers were laid off. Soon, the Germans lost their jobs. By 1990, the unified German government began to deport the Angolans, but Munjunga and more than a dozen of his friends had married German women and were allowed to stay.

"In the GDR, they never would have dared do this," said Maleca, Munjunga's friend. "Now they feel encouraged." East Germany's old Communist government cracked down on racism, and its full-employment policies made people less anxious to find scapegoats.

Austria's problem with foreigners

The sudden re-emergence of the far right in Austria has not only shocked its European neighbours, but left them scratching their heads in bafflement.

The rise of the Freedom Party and its controversial figurehead Joerg Haider has upset their assumption that prosperity and liberal values go hand in hand. Mr Haider has propelled himself to power on an anti-immigration ticket. To hear his campaign speeches, you might be forgiven for thinking the country was in the midst of a crippling unemployment crisis.

Yet Austria is the seventh richest state in the world per capita, and unemployment, at 6.7%, is among the lowest in Europe – France and Italy are both struggling with rates around 12%.

So what is sending Austria lurching to the far right if it is not economic hardship? The answer would seem to lie in its post-war history, and the fear of mass immigration when eastern countries join the European Union.

Fortress Austria

Austria shares borders with four states that are preparing for EU admission – Slovenia, Hungary, the Czech Republic and Slovakia. The first could join as early as 2003 and, once they do, their nationals should in theory be free to work in other member states.

Mr Haider likes to liven up his campaign speeches with jokes about Romanian pickpockets, Albanian welfare spongers and dirt cheap East European labour. And his posters call for a stop to "Ueberfremdung", a xenophobic word last used by the Nazis to describe the country being "overrun with foreigners".

Another far right leader, millionaire businessman Richard Lugern, talks about building "Fortress Austria" to stop the imminent arrival of "five million" East European commuters.

Wages are three times higher in Vienna, which is only a 90-minute journey from several major conurbations across the border.

Brain drain

But Peter Pulzer, an expert in Austrian affairs and former professor at Oxford University, says the country's fears are exaggerated and border controls are likely to remain for a transitional period. He also points out that Austria is not the only country worried about EU expansion.

Germany could face the same problem when Poland joins up and the eastern European countries themselves are worried about a possible brain drain.

Prague and Budapest do not want to lose their surgeons and computer programmers to Vienna any more than Austria wants to be inundated with immigrants.

Iron Curtain

But EU expansion is not the only explanation for Mr Haider's success.

Surveys have consistently shown that xenophobia is widespread in Austria. In a 1997 poll, 42% of Austrians admitted to some degree of racism, compared with an EU average of 33%. And 70% said there would be problems if the minority population increased.

Dr Richard Luther, an expert in European politics from Keele University, says Austria has traditionally been an inward looking country with very low social and geographic mobility.

This means Austrians have not had the same exposure to other cultures and value systems as some other European countries.

Until recently, Austria has been relatively protected from large immigrations by the Iron Curtain.

This began to change when the border with Hungary opened up in 1989. Since then, the crises in the Balkans and consequent refugee influx has left it feeling further exposed.

Nazi past

Political analysts say Austria's refusal until very recently to acknowledge its Nazi past is also significant in the rise of the right.

Post-war Austria was built on the myth that it was a victim of Nazi aggression, rather than an accomplice.

Unlike Germany, it buried its past and its former Nazis were reintegrated, rather than re-educated. It has in some ways protected itself from the idea that it might be a racist country.

A greying country

Whether Mr Haider survives in politics or not, it is almost certain that Austria will have to take on large numbers of foreign workers in the not too distant future.

The EU has a population which is shrinking and ageing fast. The United Nations has forecast that tens of millions of immigrants will be needed in the next 25 years to keep EU economies running and prevent the collapse of pension systems.

And Austria is among the handful of countries where the UN says the situation is so acute that mass immigration is almost unavoidable.

W4

Übersetzen Sie den folgenden Text ins Deutsche.

He stays out of discos, avoids commuter trains and has never been to a local soccer match. 'That would be suicide', said Cabelo Maleca, 31, an Angolan who moved to the former East Germany 13 years ago and now faces daily abuse because he is black. These are troubling times in Germany. So far this year, three foreigners have died at the hands of neo-Nazis, and this summer has seen a highly publicised surge in hate crimes.

....

....

....

....

....

....

....

....

....

....

S3

Lesen Sie die drei Artikel „Berlin's Vibrant Ethnic Mix", „Foreigners residing in Germany live in fear" und „Austria's problem with foreigners". Sie sollen an einer Debatte zum Thema Ausländerfeindlichkeit teilnehmen. Gebrauchen Sie die Informationen in den Artikeln, um Ihre Meinung zu folgenden Punkten zu geben.

• Warum sind Deutschland und Österreich für Ausländer attraktiv?
• Welchen Beitrag leisten Ausländer in diesen Ländern?
• Welche Probleme erleben Ausländer?
• Wie sieht Ihrer Meinung nach die Zukunft aus?

Transcripts and answers for Assessment unit

L1 Transcript

Richter Cornelia Faller, wie hat sich Ihre Spielsucht entwickelt, in welcher Zeit?

Cornelia Es ging ganz harmlos los. Zuerst begleitete ich Konstantin aus Neugier. Wir fuhren ins Interconti nach Hamburg. Später auch zu den Spielkasinos nach Travemünde, Lübeck, Westerland, Schenefeld. Wir fingen mit kleinen Einsätzen an – mit Fünf-Mark-Jetons. Aber irgendwann konnten wir das nicht mehr kontrollieren. Wir spielten immer risikoreicher – und verloren immer öfter.

Richter Wie haben Sie das finanziert?

Cornelia Ich schöpfte die Dispokredite meiner Konten aus, vertröstete meinen Vermieter, pumpte Freunde an, belog die Familie, nahm Kredite auf, verkaufte einen Teil meiner Kleidung, übergab das Auto meiner Schwester, bezahlte weder Versicherungen noch Telefonrechnungen – und wartete auf den großen Gewinn.

Richter Sind Ihre Mutter, Ihre Schwester, Ihre Freunde niemals stutzig geworden?

Cornelia Ich hatte immer Ausreden. Auf die Idee, dass ich ins Kasino fuhr, kam niemand.

Richter Sie arbeiteten in einem verantwortungsvollen Beruf, lebten in relativ gesichertem Rahmen – Ihre Neugier kann ich nachvollziehen. Warum aber konnten Sie nicht einfach aufhören? Was macht den Reiz des Spielens aus? Wollten Sie Ihr Leben ohne Arbeit finanzieren?

Cornelia Es ist diese faszinierende Atmosphäre, das ganze Ambiente, die scheinbare Macht über das Geld. Dieser unglaubliche Kick, wenn sich das Roulette dreht. In diesen Momenten war ich aufgeregt, glücklich – konnte alle Probleme vergessen. Nach und nach aber wurde es ein innerer Zwang, der meinen gesamten Alltag besetzte, den ich nicht mehr steuern konnte.

Richter Wie oft fuhren Sie ins Kasino?

Cornelia Sobald ich Geld hatte, fuhr ich los. Einmal, als ich gerade 5 000 Mark verspielt hatte und heimfahren wollte, fand ich im Auto einen 100-Mark-Chip, da bin ich ausgestiegen und habe wieder gesetzt. Am Ende blieb gerade genug für den Automaten, der die Parkhausschranke öffnet. In einer Silvesternacht haben wir mit 10 000 Mark begonnen. Nachts um zwei Uhr hatten wir 30 000. Bei 50 000 wollten wir aussteigen. Als das Kasino eine Stunde später geschlossen wurde, war alles weg.

Richter Was war Ihr höchster Einsatz?

Cornelia Konstantin hat mal 21 000 gesetzt – mehr ist nicht erlaubt.

Richter Wie ging es Ihnen in der Zeit – psychisch und physisch?

Cornelia Ich war unkonzentriert, gereizt. Ständig überlegte ich, wie ich an Geld kommen könnte. Bei der kleinsten Kritik brach ich in Tränen aus. Als die Depressionen zunahmen, ließ ich mich krankschreiben. Nach vier Jahren Spielen hatte ich 50 000 Mark Schulden, Konstantin 40 000. Unser Leben drehte sich nur noch ums Spiel, um das Beschaffen von Geld. Als wir keinen Ausweg mehr wussten, kamen wir auf die Idee, eine Bank zu überfallen. Wir dachten, wenn wir dabei 100 000 Mark holen, könnten wir die im Kasino verdrei- oder vervierfachen.

L1 Answers

1 harmlos, aus Neugier. Zuerst fuhr sie nach Hamburg, später zu den Spielkasinos nach Travemünde, Lübeck, Westerland, Schenefeld. Sie fingen mit kleinen Einsätzen an.

2 Sie schöpfte die Dispokredite ihrer Konten aus, vertröstete ihren Vermieter, pumpte Freunde an, nahm Kredite auf, verkaufte ihre Kleidung, übergab ihr Auto ihrer Schwester, bezahlte keine Rechnungen.

3 wegen der faszinierenden Atmosphäre und der scheinbaren Macht über das Geld

4 Sie begannen mit 10 000 Mark, hatten um zwei Uhr 30 000, wollten bei 50 000 aussteigen, sind aber geblieben und verloren alles.

5 Sie war unkonzentriert, gereizt, dachte ständig an Geld, brach in Tränen aus; war so deprimiert, dass sie sich krankschreiben ließ.

6 um 100 000 Mark zu holen, die sie im Kasino verdrei- oder vervierfachen könnten

L2 Answers

1 harmlos 2 Neugier 3 Einsätze 4 öfter
5 Kredite 6 nicht 7 Schulden 8 fasziniert
9 vergessen 10 Zwang 11 gesamten
12 verspielte 13 kommen 14 Depressionen
15 Ausweg 16 überfallen

L3 Answers
Key points to include:

• Started quite harmlessly with small stakes in casinos, then took more risks and lost more often.

• Financed her gambling by draining her bank accounts, putting off her landlord, borrowing

from friends, lying to her family, taking out loans, selling some of her clothes, not paying bills.
- No one realised she was going to casinos.
- Attracted by the fascinating atmosphere, apparent power over money, could forget all her problems.
- Went to casino whenever she had money and usually left with nothing.
- Effects on her mental health: was irritable and constantly thinking about how she could get money, went on sick leave.
- Large debts so she and Konstantin decided to rob a bank so they could then take the money to the casino.

S1 Answers
personal response

R1 Answers
1 Beziehung 2 geht daneben 3 Geplauder
4 ein aufregendes Abenteuer 5 pochen
6 Saarland 7 Äußerlichkeiten 8 Gesten
9 (das) Jawort 10 Schicksal

R2 Answers
1 Petra meint, dass eine virtuelle Beziehung *wie im richtigen Leben funktioniert./entweder klappt oder schiefgeht.*
2 Seit acht Wochen *kennt sie Michael aus München./steht sie mit Michael aus München in engem Kontakt.*
3 Ihrer Meinung nach sind Gespräche *im Internet einfühlsamer und ehrlicher als in der Disco.*
4 Die Telefonrechnung von Sonja stieg, weil *sie sich jeden Abend mit Martin im Chat-Café traf.*
5 Beim Kennenlernen im Internet *sind Äußerlichkeiten weniger wichtig./ist die Nähe geistig, nicht körperlich.*
6 Beim ersten Treffen *klopfte Martins Herz bis zum Hals./verliebte er sich ein zweites Mal in Sonja.*

S2 Interlocuters' script (also on cassette)
Sonja Krause
S: Hallo Lisa, hier ist Sonja.
L: *Ah, Sonja, nice to hear from you again.*
S: Ja, tut mir Leid dass ich mich so lange nicht gemeldet habe.
L: *Have you had lots of work to do?*
S: Ja auch, aber der Hauptgrund war, dass ich jemanden kennen gelernt habe.
L: *Really? Tell me more. Did you meet him at the party you went to the other day?*
S: Nein, stell dir vor, wir haben uns im Internet getroffen.
L: *On the Internet? How does that work?*
S: Du weißt doch, dass ich ab und zu ins Chat-Café schaue. Und neulich habe ich mich

richtig gut mit einem so genannten Kuckuck unterhalten.
L: *Kuckuck? What sort of name is that?*
S: Sein richtiger Name ist Martin und wir verstehen uns echt prima.
L: *What does he look like?*
S: Das weiß ich noch nicht, aber ich glaube, ich habe mich verliebt.
L: *Is that possible without seeing him?*
S: Ja, das ist das Unglaubliche. Unsere Gespräche sind so intensiv und einfühlsam, wahrscheinlich weil Äußerlichkeiten weniger wichtig sind.
L: *That sounds really exciting.*
S: Zu meinem Geburtstag hat er mir sogar einen Blumenstrauß geschickt.
L: *How romantic.*
S: Ja, und am Wochenende werden wir uns zum ersten Mal sehen. Ich bin so aufgeregt.
L: *I can imagine. Give me a call next week to tell me all about it.*
S: Versprochen.
L: *Have a nice weekend, then.*
S: Danke und bis bald.
L: *Speak to you soon.*

S2 Answers
S: *Hello Lisa, it's Sonja.*
L: Ach Sonja, schön mal wieder von dir zu hören.
S: *Yes, I'm sorry that I haven't been in touch for so long.*
L: Gab es an der Arbeit wieder viel zu tun?
S: *Yes, that too, but the main reason was that I have met someone.*
L: Ehrlich? Erzähl mir mehr. Hast du ihn auf der Party kennen gelernt, bei der du neulich warst?
S: *No. Imagine, we met on the Internet.*
L: Im Internet? Wie geht denn das?
S: *You know that I look into chat rooms every now and again. And not long ago, I had a really good conversation with a so-called Kuckuck.*
L: Kuckuck? Was ist denn das für ein Name?
S: *His real name is Martin and we get on really well.*
L: Wie sieht er denn aus?
S: *I don't know yet, but I think I have fallen in love.*
L: Geht das denn, ohne ihn zu sehen?
S: *Yes, that is the incredible thing. Our conversations are so intense and sensitive, probably because appearances are less important.*
L: Das klingt ja ganz aufregend.
S: *On my birthday, he even sent me a bunch of flowers.*
L: Wie romantisch.

S: *Yes, and this weekend we will meet for the first time. I am so excited.*

L: Das kann ich mir vorstellen. Ruf mich nächste Woche gleich an und erzähl mir alles.

S: *I promise you I will.*

L: Dann habt ein schönes Wochenende.

S: *Thanks and speak to you soon.*

L: Bis bald.

R3 Suggested answers

Sonja and Martin got married after just eight months. He proposed online, but they exchanged vows face to face, at the altar. Martin believes in destiny, which is well known for running its own course.

And Petra from Berlin now wants to look into the blue eyes of Michael from Munich at last, 'offline, face to face. At the weekend she will be getting on a train going south. Then perhaps her virtual dream will turn into true love. Maybe it'll work out, maybe it won't.

R4 Answers

1 hohen **2** rassistische **3** allgegenwärtig
4 versucht **5** bekämpfen **6** bestehenden
7 europäische **8** gegründet **9** Spieler
10 professionelle **11** Schwerpunkt **12** Herbst
13 Trainer

R5 Answers

1 anhaltende Kundgebungen
2 Rassismus ist nach wie vor allgegenwärtig
3 neben der Weiterführung (der bestehenden Projekte)
4 soll weiter ausgebaut werden
5 der Schwerpunkt liegt auf der Durchführung

R6 Answers

1 They received large fines.
2 the racist chanting of their fans in the Olympic stadium
3 to fight racism and discrimination
4 more than two years ago
5 Euro 2000 in Holland and Belgium
6 by a professional presentation in the EU parliament

RS1 Answers

personal response

R7 Answers

4, 6, 1, 7, 2, 5, 3

R8 Suggested answers

1 da gab es einen Unfall/da kam es zum Unfall/da fuhr sie in ein anderes Auto
2 ein Ort, an dem tote Menschen bis zur Beerdigung aufbewahrt werden
3 beim Autofahren von der Polizei gestoppt/ertappt

4 einen Unfall/Zusammenstoß verursacht
5 Gefangennahme während eines Prozesses, wenn Fluchtgefahr besteht
6 eine hohe Geldstrafe
7 eine Selbsthilfegruppe für Alkoholabhängige
8 die Station eines Krankenhauses, in der Notfälle behandelt werden
9 fast nicht zum Aushalten
10 wenn man alte Fehler wieder begeht, in diesem Fall erneut unter Alkoholeinfluss Auto fährt

W1 Suggested answers

• Berlin ist von den verschiedenen osteuropäischen Ländern leicht erreichbar. Osteuropäer dürfen drei Monate lang ohne Visa nach Deutschland kommen, und viele lassen sich dort nieder.
• Vor dem Zweiten Weltkrieg flohen viele Russen wegen der Revolution in Russland nach Berlin. Jetzt kommen wieder viele Russen in die deutsche Hauptstadt, weil es in ihrem Heimatland viel Gewalt und Armut gibt.
• Als Ausgleich für den Holocaust bietet die deutsche Regierung russischen Juden in Deutschland eine Heimat an.
• Die ersten Türken kamen in den Sechzigerjahren nach Deutschland, um dort zu arbeiten. Nach der Teilung Berlins ließen sich viele Türken in Berlin nieder und fanden Arbeit. Heute jedoch ist die Arbeitslosigkeit unter der türkischen Bevölkerung sehr hoch.
• Junge Türken der zweiten Generation haben zwar weniger Verbindung zu der Türkei, aber sie spielen eine wichtige Rolle in der wirtschaftlichen Zukunft Berlins.

W2 Suggested answers

• Cabelo Maleca hat Angst vor rassistischen Angriffen.
• Der deutsche Bundeskanzler sieht den Rassismus als nationales Problem und will Bürger zum Handeln gegen das Problem des Rechtsextremismus aufrufen.
• Im Osten Deutschlands ist die Arbeitslosigkeit sehr hoch. Manche Menschen glauben, die Ausländer nehmen ihnen die Arbeitsplätze weg, aber der Prozentsatz ausländischer Bürger ist sehr gering. Manche Leute werden mit ihren Problemen nicht fertig und geben schwächeren Gruppen die Schuld dafür.
• Augusto Munjunga wurde von zwei jungen Männern angegriffen, als er mit zwei anderen Angolanern zusammensaß. Er ist der Meinung, dass Ausländer von der jüngeren Generation in Eberswalde überhaupt nicht akzeptiert werden. Er glaubt, er und seine Landsleute müssen in Deutschland immer vorsichtig sein.
• Die Angolaner suchten einen kulturellen

Austausch mit einem anderen kommunistischen Land. Als sie 1987 nach Ostdeutschland kamen, hatten sie zwar Arbeit, aber sie lernten nichts. Als die Regierung nach dem Fall der Mauer einige Angolaner deportierte, durfte Munjunga bleiben, weil er eine deutsche Frau geheiratet hatte. Maleca ist sehr enttäuscht, weil die Regierung nicht gegen den Rassismus vorgeht, wie es die alte kommunistische Regierung Ostdeutschlands getan hätte.

W3 Suggested answers
- In Europa erwartet man, dass die Menschen in einem reichen Land wie Österreich liberal eingestellt sind. Haiders Erfolg hat diese Annahme nicht bestätigt, denn seine Einstellungen sind äußerst rechtsextrem.
- Manche Österreicher befürchten, dass der Eintritt osteuropäischer Länder in die EU zu Masseneinwanderung nach Österreich führen könnte.
- Pulzer hält diese Befürchtungen für übertrieben, denn Grenzkontrollen werden eine Zeitlang weiterbestehen. Außerdem machen sich auch andere Länder Sorgen über die Erweiterung der EU: Deutschland wird möglicherweise eine Immigrationswelle erleben, wenn Polen der EU beitritt. Andererseits wollen die osteuropäischen Länder die Abwanderung ihrer hochqualifizierten Bürger möglichst verhindern.

- Die Ausländerfeindlichkeit ist unter der österreichischen Bevölkerung weiter verbreitet als in anderen Ländern. Dies ist darauf zurückzuführen, dass die österreichische Gesellschaft bisher sehr nach innen gewendet war und wenig Kontakt mit anderen Kulturen gehabt hat. Außerdem hat man in Österreich die nationalsozialistische Vergangenheit des Landes weitgehend verleugnet.
- Die UN ist der Ansicht, dass sich Österreich den Einwanderern öffnen muss, denn der Bevölkerungsrückgang ist dort noch akuter als in anderen europäischen Ländern. Österreich braucht Einwanderer, damit seine Wirtschaft und sein Sozialsystem langfristig überleben können.

S3 Answers
personal response

W4 Suggested answers
Er geht nicht in Diskos, meidet Pendlerzüge, und er war noch nie bei einem heimischen Fußballspiel. „Das wäre Selbstmord", meint Cabelo Maleca, 31, ein Angolaner, der vor 13 Jahren in das ehemalige Ostdeutschland zog und jetzt täglich wegen seiner schwarzen Hautfarbe beschimpft wird. Deutschland ist in einer problematischen Phase. Dieses Jahr wurden bereits drei Ausländer von Neonazis ermordet, und der Anstieg der ausländerfeindlichen Verbrechen während des Sommers erregte viel öffentliche Aufmerksamkeit.

Coursework suggestions

Einheit 1 *Gesundheit!*

- Schreiben Sie ein Streitgespräch zwischen einem gesundheitsbewussten Vegetarier und einem Fast Food-Fanatiker über ihre Essgewohnheiten.
- Schreiben Sie einen Brief an ihre lokale Zeitung, in dem Sie entweder für oder gegen die Legalisierung von Marijuana plädieren.
- Drogensucht ist weithin als soziales Problem anerkannt. Doch wie sieht es mit anderen Süchten aus, z.B. Spielen, Arbeiten? Stellen Sie sich vor, Sie sind ein/e Verwandte/r oder Freund/in eines Süchtigen. Beschreiben Sie das Problem und welche Auswirkungen es auf die betroffene Person und auch Sie selbst hat.

Einheit 2 *Technologie und Fortschritt*

- Diskutieren Sie die Benutzung von Handys in öffentlichen Einrichtungen. Ist es wirklich notwendig oder vielleicht doch nur Angabe?
- Diskutieren Sie die Anziehungskraft von Wissenschaftssendungen im Fernsehen und vergleichen Sie deutsche und englische Angebote.
- Erleichtern neue Technologien immer unsere Leben, oder sind sie nur Spielereien, oder bestimmen Sie vielleicht sogar bald komplett unser Leben?

Einheit 3 *Arbeit: jetzt und in der Zukunft*

- Beschreiben Sie Ihren Arbeitsalltag in 20 Jahren. Bedenken Sie dabei erwartete Veränderungen, z.B. der Arbeitszeit, des Arbeitsplatzes, der Stellenangebote.
- Schreiben Sie einen Brief für die Problemseite einer Zeitschrift. Sie sind arbeitende/r Familienmutter/vater und somit jeder Menge Stress ausgeliefert. Beschreiben Sie ihren Alltag. Tauschen Sie dann Ihren Brief mit einem/r Partner/in und verfassen Sie eine Antwort auf dessen/deren Brief.

Einheit 4 *Die inklusive Gesellschaft*

- Wie hat sich die Institution Familie in den letzten 100 Jahren verändert? Ist nur das Erscheinungsbild anders oder hat sie eine ganz neue Bedeutung?
- Sie haben an einem Projekt teilgenommen und 24 Stunden mit einer „Behinderung" gelebt. Beschreiben Sic Ihre Erfahrungen und wie Sie Ihre Einstellung zu behinderten Menschen verändert haben.
- Heimat – was bedeutet das für Sie? Was bedeutet es wohl für die folgenden Ausländergruppen in Deutschland: Gastarbeiter der ersten Generation, Gastarbeiterkinder der zweiten und dritten Generation, Asylbewerber?

Einheit 5 *Gesetz und Politik*

- Ist die Jugend politikverdrossen oder die Politik jugendverdrossen?
- Gewalt in unterschiedlichsten Formen gehört heute leider schon fast zum Schulalltag. Wie sollte man diesen Problemen begegnen? Welche Methoden sind sinnlos, welche sinnvoll?
- Was verbinden Sie mit dem Begriff Zivilcourage? Diskutieren Sie, in welchen Situationen es absolut notwendig ist einzugreifen. Gibt es auch Situationen, in denen man nichts tun sollte?

Einheit 6 *Historisch gesehen*

- Diskutieren Sie das folgende Zitat aus einem Hörtext im Buch: „Die deutsche Identität ist wirklich eine recht heikle Frage."
- Wählen Sie ein Ereignis aus der deutschen Geschichte des letzten Jahrhunderts und beschreiben Sie dessen Bedeutung für die Deutschen.
- Vergleichen Sie die Situation in Deutschland im Jahr der Wiedervereinigung mit heute. Existiert die Vereinigung nur auf dem Papier oder auch in der Realität? Wie hat sich das Leben in Ost und West verändert?